메시지 | 시편

KB214772

THE MESSAGE: Psalms

Eugene H. Peterson

The
MESSAGE

시편

유진 피터슨

복 있는 사람

메시지 | 시편

2019년 6월 20일 초판 1쇄 발행
2024년 12월 30일 초판 12쇄 발행

지은이 유진 피터슨
옮긴이 김순현 윤종석 이종태
감수자 김회권
펴낸이 박종현

(주) 복 있는 사람
주소 서울특별시 마포구 연남동 246-21(성미산로23길 26-6)
전화 02-723-7183(편집), 7734(영업·마케팅) 팩스 02-723-7184
이메일 hismessage@naver.com
등록 1998년 1월 19일 제1-2280호

ISBN 978-89-6360-299-8 00230

이 도서의 국립중앙도서관 출판예정도서목록(CIP)은 서지정보유통지원시스템 홈페이지(http://
seoji.nl.go.kr)와 국가자료공동목록시스템(http://www.nl.go.kr/kolisnet)에서 이용하실 수 있습
니다. (CIP 제어번호: 2019021754)

THE MESSAGE: Psalms
by Eugene H. Peterson

차례

일러두기

- 유진 피터슨의 『메시지』 영어 원문을 번역하면서, 한국 교회의 실정과 환경을 고려하여 『메시지』 한글 번역본의 극히 일부분을 의역하거나 문장과 용어를 바꾸었다.

- 유진 피터슨은 『메시지』 영어 원문에서, 유일무이한 하나님의 인격적 이름을 주(LORD) 대신에 대문자 GOD로 번역했다. 따라서 『메시지』 한국어판은 많은 논의와 신학 감수를 거쳐, 원저자의 의도를 반영해 '주'(LORD) 대신에 강조체 **하나님**(GOD)으로 표기했다.

- 지명, 인명은 대한성서공회에서 발행한 『개역개정』 『새번역』 성경의 원칙을 따랐다.

『메시지』를 읽는 독자에게

『메시지』에 독특한 점이 있다면, 현직 목사가 그 본문을 다듬었기 때문일 것이다. 나는 성경의 메시지를 내가 섬기는 사람들의 삶 속에 들여놓는 것을 내게 주어진 일차적 책임으로 받아들이고 성인 인생의 대부분을 살아왔다. 강단과 교단, 가정 성경공부와 산상수련회에서 그 일을 했고, 병원과 양로원에서 대화하면서, 주방에서 커피를 마시고 바닷가를 거닐면서 그 일을 했다. 『메시지』는 40년간의 목회 사역이라는 토양에서 자라난 열매다.

인간의 삶을 만들고 변화시키는 하나님의 말씀은, 내가 『메시지』 작업을 하는 동안 정말로 사람들의 삶을 만들고 변화시켰다. 우리 교회와 공동체라는 토양에 심겨진 말씀의 씨앗은, 싹을 틔우고 자라서 열매를 맺었다. 현재의 『메시지』를 작업할 무렵에는, 내가 수확기의 과수원을 누비며 무성한 가지에서 잘 영근 사과며 복숭아며 자두를 따고 있다는 기분이 들곤 했다. 놀랍게도 성경에는, 내가 목회하는 성도며 죄인인 사람들이 살아 낼 수 없는 말씀, 이 나라와 문화 속에서 진리로 확증되지 않는 말씀이 단 한 페이지도 없었다.

내가 처음부터 목사였던 것은 아니다. 원래 나는 교사의 길에 들어서서, 몇 년간 신학교에서 성경 원어인 히브리어와 그리스어를 가르쳤다. 남은 평생을 교수와 학자로 가르치고 집필하고 연구하며 살겠거니 생각했었다. 그러다 갑자기 직업을 바꾸어 교회 목회를 맡게 되었다.

뛰어들고 보니, 교회는 전혀 다른 세계였다. 제일 먼저 눈에 띈 차이는, 아무도 성경에 별로 관심이 없어 보인다는 점이었다. 얼마 전까지만 해도, 사람들은 내게 돈을 내면서까지 성경을 가르쳐 달라고 했는데 말이다. 내가 새로 섬기게 된 사람들 중 다수는, 사실 성경에 대해 아무것도 몰랐다. 성경을 읽은 적도 없었고, 배우려는 마음조차 없었다. 성경을 몇 년씩 읽어 온 사람들도 많았지만, 그들에게 성경은 너무 익숙해서 무미건조하고 진부한 말로 전락해 있었다. 그들은 지루함을 느낀 나머지 성경을 제쳐 둔 상태였다. 그 양쪽 사이에 있는 사람은 많지 않았다. 내가 가장 중요하게 여긴 일은, 성경 말씀을 그 사람들의 머리와 가슴 속에 들여놓아서, 성경의 메시지가 그들의 삶이 되게 하는 것이었다. 그러나 거기에 관심을 갖는 사람은 거의 없었다. 신문과 잡지, 영화와 소설이 그들 입맛에 더 맞았다.

결국 나는, 바로 그 사람들에게 성경의 메시지를 듣게—정말로 듣게—해주는 일을 내 평생의 본분으로 삼게 되었다. 그것이야말로 확실히 나를 위해 예비된 일이었다.

나는 성경의 세계와 오늘의 세계라는 두 언어 세계에 살고 있었다. 나는 언제나 그 두 세계가 같은 세계인 줄 알았다. 그러나 사람들은 그렇게 보지 않았다. 나는 어쩔 수 없이 "번역가"(당시에는 그런 표현을 쓰지 않았지만)가 되었다. 날마다 그 두 세계의 접경에 서서, 하나님이 우리를 창조하시고 구원하시고 치유하시고 복 주시고 심판하시고 다스리실 때 쓰시는 성경의 언어를, 우리가 잡담하고 이야기하고 길을 알려 주고 사업하고 노래 부르고 자녀에게 말할 때 쓰는 오늘의 언어로 옮긴 것이다.

그렇게 하는 동안, 성경의 원어—강력하고 생생한 히브리어와 그리스어—는 끊임없이 내 설교의 물밑에서 작용했다. 성경의 원어는 단어와 문장을 힘 있고 예리하게 해주고, 내가 섬기는 사람들의 상상력을 넓혀 주었다. 그래서 오늘의 언어 속에서 성경의 언어를 듣고, 성경의 언어 속에서 오늘의 언어를 들을 수 있게 해주었다.

나는 30년간 한 교회에서 그 일을 했다. 그러던 어느 날 (1990년 4월 30일이었다), 한 편집자가 내게 편지를 보내 왔다. 그동안 내가 목사로서 해온 일의 연장선에서 새로운 성경 번역본을 집필해 달라는 청탁의 편지였다. 나는 수락했다. 그 후 10년은 수확기였다. 그 열매가 바로 『메시지』다.

『메시지』는 읽는 성경이다. 기존의 탁월한 주석성경을 대체하기 위한 것이 아니다. 내 취지는 간단하다. (일찍이 우리 교회와 공동체에서도 그랬듯이) 성경이 충분히 읽을 수 있는 책이라는 사실을 모르는 사람들에게 성경을 읽게 해주고, 성경에 관심을 잃은 지 오래된 사람들에게 성경을 다시 읽게 해주는 것이다. 그렇다고 굳이 내용을 쉽게 하지는 않았다. 성경에는 이해하기 어려운 부분도 많이 있다. 그래서 『메시지』를 읽다 보면, 더 깊은 연구에 도움이 될 주석성경을 구하는 일이 조만간 중요하게 여겨질 것이다. 그때까지는, 일상을 살기 위해 읽으라. 읽으면서 이렇게 기도하라. "하나님, 말씀하신 대로 내게 이루어지기를 원합니다."

유진 피터슨

오랜 세월 수많은 그리스도인들이 시편을 통해 기도하는 법을 배웠다. 그리스도인들은 그보다 몇 세기 전부터 기도하고 예배해 온 유대인들에게서 이 기도책을 물려받았다. 이 책에 담긴 언어를 우리 것으로 삼을 때, 우리에게 말씀하시는 하나님께 합당하게 응답할 수 있다.

평생 목회자로 일하다 보니 시편을 '지금 우리가 쓰는 말'로 풀어내고 싶은 마음을 갖게 되었다. 목사는 무엇보다도 사람들에게 기도를 가르쳐야 할 사람이다. 그들이 모든 경험을 가지고 기도의 자리로 나가 정직하고 철저하게 하나님께 아뢰도록 도와야 할 사람이다. 그 일은 생각처럼 쉽지 않았다. 시작은 쉽다. 기도의 욕구는 우리의 존재 중심에 깊이 내재해 있는 터라 사실 무슨 일이든지 기도의 계기가 될 수 있기 때문이다. "도와주세요"와 "감사합니다"가 가장 기본적인 기도다. 그러나 정직함과 철저함은 그렇게 쉽사리 생기지 않는다.

말씀으로 세계를 창조하신 거룩하신 하나님과 대화한다고 생각하면 곤혹감이 드는 것이 당연하다. 어색하고 거북하게 느껴진다. "나처럼 못된 인간이 무슨 기도야. 행실을 바로잡아 괜찮은 사람이 될 때까지 기다려야지" 하는 마음을 갖게 된다. 때로는 어휘가 부족하다는 핑계를 대기도 한다. "몇 달만 시간을 주세요. 아니 몇 년만! 하나님과의 거룩한 만남에 어울리는 세련된 기도를 할 수 있게 훈련받고 싶습니다. 그러면 더듬거리거나 불편한 느낌이 드는 일이 없을 거예요."

나는 이런 고충을 털어놓는 사람들의 손에 시편을 쥐어 주며 말한다. "집에 가서 이대로 기도하십시오. 지금 기도에 대해 잘못 생각하고 있는 것 같습니다. 이 시편에 나온 대로 기도하다 보면 잘못된 생각이 없어지고 진짜 기도가 무엇인지 알게 될 겁니다." 내 말대로 한 이들은 대개 놀랍다는 반응을 보였다. 그들은 성경에 그런 내용이 있을 줄 몰랐다고 말했다. 그러면 나는 그들의 놀라움에 놀라움을 표시한다. "시편이 고상한 사람들의 기도일 거라고 생각했습니까? 시편 기자들의 언어가 세련되고 예의 바를 거라고 생각했습니까?"

기도에 대해 배우지 못한 상태에서는 선한 사람들이 잘해 나가고 있을 때 하는 행위로 기도를 오해하기 쉽다. 그러나 기도는 그런 것이 아니다. 경험이 없는 상태에서는 "기도용" 언어가 따로 있을 거라고 생각하고 그 언어를 익혀야만 하나님이 우리의 기도를 진지하게 들어주실 거라고 지레짐작한다. 하지만 그런 언어는 존재하지 않는다. 기도는 고급언어가 아니라 초급언어로 드려진다. 우리의 언어는 기도라는 수단을 통해 하나님에 대한 정직하고 참되고 인격적인 반응을 담아내게 된다. 우리는 기도를 통해 삶의 모든 것을 하나님께 내어놓는다. 다윗은 다음과 같이 기록했다.

> 하나님, 내 삶을 샅샅이 살피시고
> 모든 사실을 직접 알아보소서.
> 나는 주님 앞에 활짝 펼쳐진 책이니,
> 멀리서도 주께서는 내 생각을 다 아십니다.……
>
> 오 하나님, 내 삶을 샅샅이 살피시고
> 나에 대해 모든 것을 캐 보소서.
> 나를 심문하고 시험하셔서
> 내가 어떤 사람인지 분명히 파악하소서.
> 내가 잘못한 일이 있는지 직접 살피시고
> 나를 영원한 생명의 길로 인도하소서(시 139:1, 23-24).

그러나 목사인 나의 격려로 시편을 읽고도 여전히 기도를 잘 모르겠다는 사람들이 종종 있다. 영어로 번역된 시편은 매끄럽고 세련된 데다가 두운과 각운까지 맞춰져 있다. 문학적으로는 비할 데 없이 뛰어나다. 그러나 시편이 분노와 찬양과 탄식의 순간에 하나님을 갈망하는 사람들의 육성이 담긴 기도라는 사실을 생각할 때, 이런 번역에는 중요한 것이 빠져 있음을 알 수 있다. 문법적으로는 정확하다. 번역의 기초가 되는 학식은 깊고 탁월하다. 하지만 기도로 보자면 썩 흡족하지 않다. 히브리인들의 시편은 순박하면서도 거칠다. 고상하지 않다. 우아한 언어로 표현되는 교양인의 기도가 아니다.

그래서 나는 목회현장에서 만나는 이들에게 기도하는 법을 가르치면서 시편을 현대 영어의 운율과 표현으로 풀어 쓰기 시작했다. 나는 너무나 폭넓고 힘이 넘치는 시편의 기도를 가장 잘 다가오는 언어로 생생하게 접하게 해주고 싶었다. 다윗을 포함한 시편 기자들이 처음 시편을 썼을 때 사용했던 언어의 느낌을 전달하고 싶었다.

나는 이 작업을 앞으로도 계속하고 싶다. 더없이 정직하고 꼼꼼하고 철저하게 기도할 때, 역시 시편으로 기도하셨던 예수 그리스도 안에서 우리가 온전하고 참된 인간이 될 수 있을 것이라 확신하기 때문이다.

시편

1 ¹ 그대, 하나님께서 좋아하실 수밖에!
죄악 소굴에 들락거리길 하나,
망할 길에 얼씬거리길 하나,
배웠다고 입만 살았길 하나.

²⁻³ 오직 **하나님** 말씀에 사로잡혀
밤낮 성경말씀 곱씹는 그대!
에덴에 다시 심긴 나무,
달마다 신선한 과실 맺고
잎사귀 하나 지는 일 없이,
늘 꽃 만발한 나무라네.

4-5 악인들의 처지는 얼마나 다른가.
바람에 날리는 먼지 같은 그들,
입이 열 개라도 할 말 없는 죄인들이라
떳떳한 이들 사이에 끼지 못하네.

6 그대의 길은 **하나님**께서 지도해 주시나,
악인들의 종착지는 구렁텅이일 뿐.

2   1-6 뭇 나라들아, 웬 소란이냐?
뭇 민족들아, 웬 흉계냐?
땅의 두목들이 권력투쟁을 벌이고
선동가와 대표자들이 모여 정상회담을 여는구나.
하나님을 부정하며 메시아께 대드는 그들,
"하나님에게서 벗어나자!
메시아에게서 풀려나자!" 소리친다.
하늘 보좌에 앉으신 하나님께서 웃음을 터뜨리신다.
주제넘게 구는 그들을 가소로워하시다가,
마침내 대로하신다.
불같이 노를 터뜨리시며, 그들을 얼어붙게 만드신다.
"네 이놈들! 시온에 엄연히 왕이 있거늘!
거룩한 산 정상에서 그의 대관식 잔치가 열리고 있거늘!"

7-9 **하나님**께서 이어 뭐라고 말씀하셨는지 알려 주마.

그분께서 말씀하셨다. "너는 내 아들,

오늘은 네 생일이다.

원하는 것이 있느냐? 말만 하여라.

나라들을 선물로 주랴? 대륙들을 상으로 주랴?

너는 그것들을 마음대로 갖고 놀다가,

내일 쓰레기통에 던져도 좋다."

10-12 그러니 왕들아, 이 역당들아, 머리가 있으면 생각을 하여라.

건방 떠는 통치자들아, 교훈을 새겨라.

하나님을 흠모하며 그분께 경배하여라.

두려워 떨며 찬양하여라. 메시아께 입 맞추어라!

네 목숨이 경각에 달렸다.

그분의 노가 터지기 일보 직전이다.

그러나 하나님께 필사적으로 달아나는 이들은 결코 후회하지 않을 터!

다윗의 시. 다윗이 아들 압살롬을 피해 달아났을 때

3

1-2 **하나님**! 보십시오! 저 셀 수 없이 많은 적들을!

적들이 벌 떼처럼 일어나

폭도처럼 나를 에워싸고 조롱을 퍼붓습니다.

"하! 하나님이 저 자를 도와주신다고?"

³⁻⁴ 그러나 **하나님**, 주님은 나의 사방에 방패를 두르시고
내 발을 받쳐 주시고, 내 머리를 들어 주십니다.
내가 온 힘 다해 **하나님**께 외치면,
그 거룩한 산에서 천둥소리로 응답해 주십니다.

⁵⁻⁶ 이 몸, 두 다리 쭉 뻗고 누워
한숨 푹 자고 일어납니다. 푹 쉬었다가 씩씩하게 일어나,
벌 떼처럼 달려드는 적들을
두려움 없이 맞습니다.

⁷ 일어나소서, **하나님**! 나의 하나님, 도와주소서!
저들의 얼굴을 후려갈기소서.
이쪽저쪽 귀싸대기를 올리소서.
주먹으로 아구창을 날리소서!

⁸ 참된 도움은 오직 **하나님**께로부터 옵니다.
주님의 복으로 주님 백성을 휘감아 주십니다!

다윗의 시

4

¹ 내가 부를 때 응답하소서. 하나님, 내 편이 되어 주소서!
내가 궁지에 몰렸을 때, 주님은 나를 구해 주셨습니다.
지금 다시 곤경에 처했으니, 은혜를 베푸시고

내 기도를 들어주소서!

² 너희 어중이떠중이들아, 너희의 비웃는 소리 내 얼마나 더
참아 주랴?
대체 언제까지 거짓에 빠져 살려느냐?
언제까지 망상에 취해 살려느냐?

³ 자, 보아라.
하나님께서 누구를 택하셨는지를!
내가 부르는 즉시 그분은 내 음성을 들으신다.

⁴⁻⁵ 불평하려거든 해라. 다만 빈정대지는 마라.
입을 다물고, 네 마음의 소리에 귀 기울여라.
하나님의 법정에 호소하고 그분의 평결을 기다려라.

⁶⁻⁷ 왜 다들 더 많이 갖지 못해 안달일까? 맨날 "더! 더!"
"더 많이! 더 많이!"
그러나 내게는 하나님이 있어 차고 넘칩니다.
평범한 하루 내가 누리는 이 기쁨이
날마다 흥청거리는 저들이 얻는 것보다 더 큽니다.

⁷⁻⁸ 내가 하루 일을 끝내고 단잠에 드는 것은
하나님께서 내 삶을 회복시켜 주시기 때문입니다.

다윗의 시

5
1-3 **하나님, 들어주소서! 부디 귀 기울여 주소서!**
신음하고 울부짖으며,
두서없이 쏟아내는 나의 말을 알아들으시겠는지요?
왕이신 하나님, 주님의 도움이 필요합니다.
아침마다 주님,
내 기도 들으시겠지요.
아침마다 나,
주님의 제단에
깨진 내 삶의 조각들 펼쳐 놓고
불이 내려오기를 기다립니다.

4-6 주님은 악과 상종하지 않으시며,
악을 주님의 집에 들이시는 법이 없습니다.
허풍 떠는 자들을 바닥에 고꾸라뜨리시고
이간질하는 자들을 보시면 고개를 절레절레 흔드십니다.
하나님께서는 거짓말하는 자들을 파멸시키시고
피에 주린 자들, 진실을 구부러뜨리는 자들을 역겨워하십니다.

7-8 그런데 나를 이렇게 맞아 주시다니요!
믿기지 않습니다.
이 몸, 주님의 집에 들어와 있습니다.
주님의 내실 성소에 엎드려

적진을 무사히 뚫고 나갈 방도를 일러 주시기를
기다리고 있습니다.

9-10 저들의 말은 하나같이 지뢰입니다.
그 폐는 독가스를 뿜어 댑니다.
저들의 목구멍은 쩍 벌어진 무덤,
그 혀는 기름칠한 듯 매끄럽습니다.
하나님, 저들의 죄를 물으소서!
지혜롭다는 저들, 그 지혜 때문에 망하게 하소서.
저들을 내치소서! 주님을 내친 자들입니다.

11-12 그러나 주께 피해 달아나는 우리는
주께서 두 팔 벌려 맞아 주소서.
밤샘 잔치가 벌어지게 하소서!
우리 잔치를 호위해 주소서.
하나님은 주님을 찾는 이들을 환영하시고
기쁨으로 단장해 주시는 분으로 이름 높습니다.

다윗의 시

6 1-2 **하나님**, 이제 나를 그만 혼내소서.
부디 그만 벌하소서.
주님의 그 보살핌 몹시도 그리우니,
이제 나를 다정히 맞아 주소서.

²⁻³ **뼈**와 영혼까지 두들겨 맞아
얼룩덜룩 멍든 내 모습 보이지 않으십니까?
하나님, 언제까지
보고만 있으시렵니까?

⁴⁻⁵ **하나님**, 이제 나서서 이 싸움을 끝장내 주소서.
나를 조금이라도 아끼신다면, 이 궁지에서 건져 주소서.
내가 죽어, 주께 좋을 게 뭐겠습니까?
무덤에 묻혀서는 주님의 찬양대에서 노래할 수 없습니다!

⁶⁻⁷ 나는 지쳤습니다. 너무나 지쳤습니다.
사십 일 밤낮을, 침대가
내 눈물 홍수 위를 떠다녔습니다.
매트리스가 눈물에 흠뻑 젖어 눅눅해졌고
내 눈은 검게 움푹 파였습니다.
눈이 멀다시피 하여, 더듬거리며 다닙니다.

⁸⁻⁹ 썩 꺼져라, 마귀의 졸개들아.
마침내 **하나님**께서 내 흐느끼는 소리 들으셨다.
내 간구를 모두 들으시고
내 기도에 응답해 주셨다.

¹⁰ 겁쟁이들, 원수들이 물러간다.

굴욕을 당하고는 꽁무니를 빼는구나.

다윗의 시

7

¹⁻² **하나님! 하나님!** 추격이 극심하여
죽을힘 다해 주께 피합니다.
저들에게 붙잡히면, 나는 끝장입니다.
사자처럼 사나운 적에게 갈기갈기 찢겨
숲으로 끌려가게 될 것입니다.
찾는 이, 기억해 주는 사람 없이 버려지고 말 것입니다.

³⁻⁵ **하나님,** 저들 말대로
내가 친구를 배신하고
원수들에게 바가지를 씌웠다면,
정말로 내 손이 그렇게 더럽다면,
저들이 나를 붙잡아 깔아뭉개게 하시고
나를 진흙탕에 처박게 하소서.

⁶⁻⁸ **하나님,** 일어나소서.
광포한 원수들에게 주님의 거룩한 분노를 쏟아내소서.
하나님, 깨어나소서. 나를 고소한 자들이
법정을 가득 메웠습니다. 지금은 판결을 내리실 때입니다.
재판석에 좌정하시고 주님의 법봉을 두드려
나에 대한 거짓고소를 기각하여 주소서.

나는 준비되었습니다.
주께서 "무죄" 판결을 내리시리라 자신합니다.

9-11 **하나님**, 악인들의 악을 끝장내시고
우리에게 주님의 명령을 공표하소서.
주님은 우리 인생을 단련시키시는 분,
우리의 약한 곳을 살펴 헤아리시고
우리의 거친 곳을 깎아 다듬으시는 분.
주께서 바로잡으시고 붙들어 주시니
이제 내가 강건하고 안전합니다.
존귀하신 하나님은 매사를 올바르게 행하시는 분.
그러나 언제라도 노여움을 터뜨릴 수 있는 분.

11-13 아무도 **빠져나가지** 못한다.
하나님께서 이미 행동에 돌입하셨다.
숫돌에 칼을 가시고
활을 메워 시위에 화살을 얹으시며,
손에는 흉기를 드셨다.
화살마다 불이 붙어 이글거린다.

14 보라, 저 사람을!
죄와 간통하여
악을 잉태했구나.

오, 보라! 아기를 낳았는데
거짓을 낳았구나!

15-16 날마다 삽질하며
저 곧게 뻗은 외길 밑에
함정을 파고 은폐하는 저 자가 보이느냐?
돌아가 다시 살펴보아라. 거기에 거꾸로 처박힌 채
바람결에 흔들리는 두 다리가 보이리라.
남에게 끼친 해악은 맞불이 되어 돌아오고
남에게 가한 폭력은 부메랑이 되어 돌아온다.

17 나, 모든 일을 바로잡으시는 하나님께 감사하리라.
지극히 높으신 **하나님**의 명성을 노래하리라.

다윗의 시

8
1 **하나님**, 찬란히 빛나는 주님,
주님의 이름은 이제 모르는 사람이 없습니다.

2 주님을 높이며 젖먹이들이 옹알이로 합창하고
막 걷기 시작한 어린아이들이 목청껏 노래하니,
원수의 말소리 묻혀 버리고
무신론자의 지껄임도 잠잠합니다.

3-4 주님의 거대한 하늘, 캄캄하고 광대한 하늘을 우러러봅
니다.
손수 만드신 하늘 보석,
제자리에 박아 넣으신 달과 별들을.
그리고 한없이 작은 내 모습에 깜짝 놀랍니다.
우리가 무엇이기에 이토록 걱정하시고
우리 인생길이 무엇이기에 이토록 살뜰히 살피십니까?

5-8 하지만 우리는 신들보다 조금 못한 자들.
주님은 에덴의 새벽빛으로 빛나는 우리에게
손수 지으신 세상을 맡기시고
창조의 임무를 되새기게 하셨습니다.
양 떼와 소 떼,
들짐승들,
날아다니는 새들과 헤엄치는 물고기,
깊은 바다에서 노래하는 고래들을 다스리게 하셨습니다.

9 **하나님**, 찬란히 빛나는 주님,
주님의 이름이 온 세상에 메아리칩니다.

다윗의 시

9

1-2 **하나님**, 온 마음을 다해 감사하며
주께서 행하신 놀라운 일들을 책에 기록합니다.

내가 기쁨에 겨워 휘파람 불고, 즐거워 펄쩍펄쩍 뜁니다.
지극히 높으신 하나님, 주님을 노래합니다.

3-4 내 원수들이 꽁무니를 **빼던** 그날,
저들은 주님 앞에 비틀거리며 고꾸라졌습니다.
주께서 모든 일을 바로잡으셨고
내가 필요로 할 때, 곁에 계시며 변호해 주셨습니다.

5-6 주님은 사악한 민족들에게 호루라기 불어 경고하시는 분.
비열한 반칙을 저지른 선수들을 퇴장시키시고
곧바로 명단에서 그들의 이름을 삭제하시는 분.
원수들이 퇴장당해 사라지고
그들의 명성은 놀림거리가 되었으며,
그들의 이름이 명예의 전당에서 지워졌습니다.

7-8 **하나님**께서는 중심을 잡으시고,
세상의 혼란을 살피시며 바로잡으시는 분.
땅에 사는 우리에게 무엇이 알맞은지 정하시고
각 사람에게 합당한 상을 주시는 분.

9-10 **하나님**은 학대받는 이들을 위한 은신처.
곤경에 처할 때 찾아갈 피난처.
도착하는 순간, 마음이 놓이고

언제든 문 두드려도 미안한 마음 들지 않는 곳.

11-12 시온에 거하시는 **하나님**을 노래하고
만나는 모든 이에게 그분 이야기 들려주어라.
살인자의 뒤를 좇으시되
우리에게서 눈을 떼지 않으시고,
흐느낌과 신음소리 하나 놓치지 않으시는 그분 이야기를.

13-14 **하나님**, 내게 친절을 베풀어 주소서.
오래도록 이 몸, 이리저리 치이며 살아왔습니다.
죽음의 문턱에서 나를 이끌어 주셨으니,
내가 찬양의 노래를 짓겠습니다.
대로변과 번화가에서
거리 집회를 열겠습니다.
내가 찬양을 이끌 때
구원의 노래 사방에 울려 퍼질 것입니다.

15-16 저 악한 나라들,
자기들이 놓은 덫에 걸리고
자기들이 친 그물에
발이 엉켰구나.
저들, 아무 말도 못하니
하나님의 일하심, 이토록 유명하구나.

악인들이 스스로 만든 교활한 기계장치에
손이 잘렸구나.

17-20 악인들이 손에 쥔 것은
지옥행 편도 승차권.
가난한 이들, 더 이상 이름 없는 자로 살지 않고
비천한 이들, 더 이상 수치를 당하지 않으리라.
하나님, 일어나소서!
악인들의 헛된 교만이 넌더리 나지 않으신지요?
저 허세를 까발려 주소서!
하나님, 저들을 떨게 하소서!
저들이 얼마나 어리석은지 드러내 보이소서.

10
1-2 **하나님**, 어찌하여 나를 외면하십니까?
주님이 필요한데 어디 계십니까?
악인들이 큰소리치며
가난한 이들을 맹렬히 뒤쫓고 있으니,
하나님, 저들의 다리를 걸어
자기들이 꾸민 흉계에 빠지게 하소서.

3-4 악인들은 빈말을 떠벌리고
사기꾼 입에서는 구린내가 진동합니다.

저들, 하늘을 찌를 듯 콧대가 높아
하나님을 무시합니다.
벽마다 휘갈겨 쓴 낙서가 보입니다.
"잡을 테면 잡아 보라지!" "하나님은 죽었어."

5-6 저들은 주님의 생각에 전혀 개의치 않고,
방해가 된다 싶으면 바로 주님을 외면합니다.
"우리는 잘못되지 않아. 올해는 운이 좋거든!" 하면서
자기들이 근사하게 산다고 생각합니다.

7-8 저들의 입에는 저주가 가득하고
저들의 혀는 살모사처럼 독을 내뿜습니다.
선량한 사람들 뒤에 숨어 있다가
만만한 이들을 덮칩니다.

9 운 나쁜 이를 눈여겨 두었다가
사냥꾼처럼 은밀한 곳에서 기다립니다.
그러다 그 가련한 사람이 가까이서 헤매기라도 하면
뒤에서 그의 등을 찌릅니다.

10-11 불행한 이는 걷어채어 땅바닥에 쓰러지고
운 나쁜 그는 잔인하게 난도질당합니다.
그는 하나님이 자기를 버리셨다고 생각합니다.

자신의 곤경에는 관심이 없다고 여깁니다.

12-13 **하나님**, 일어나실 때입니다. 서두르소서.
가련한 이들이 하나님께 버림받았다고 생각합니다.
악인들은 하나님을 업신여기고도
어찌하여 무사한지,
저리도 기고만장한데
어찌하여 문책을 당하지 않는지
그들이 의아해합니다.

14 그러나 주님은 이 모든 상황을 아십니다.
그들이 당하는 업신여김과 학대를 잘 아십니다.
언젠가는 가련한 저들이,
주님 주시는 복을 분명히 받게 될 것입니다.
주께서 저들의 기대를 저버리지 않으실 테니,
그들이 영원한 고아로 남지 않을 것입니다.

15-16 악인들의 오른팔을 꺾으시고
악질들의 왼팔을 부러뜨리소서.
범죄의 낌새까지
모두 찾아 없애 주소서.
그러면 **하나님**의 은혜와 명령이 승리하고
사악한 자들은 패할 것입니다.

17-18 주께서 가련한 이들의 말에 귀를 기울여 주시니,
저들의 희미한 맥박이 약동하고
절망에 빠진 이들의 심장이 붉은 피를 뿜어 올립니다.
고아들이 부모를 얻고
노숙자들이 집을 얻습니다.
공포정치가 끝나고
폭군들의 지배도 막을 내립니다.

다윗의 시

11
1-3 나, 죽을힘 다해
하나님의 품으로 피해 왔거늘,
이제 와 달아날 이유가 무엇이겠는가?
그런데도 너희는 말하는구나.

"산으로 달아나라.
악인들이 활을 당기고,
악당들이 화살을 겨눈다.
하나님께 정직한 모든 이들을
어둠 속에서 쏘려 한다.
나라의 기초가 무너졌는데
선한 사람인들 살 가망이 있겠는가?"

4-6 그러나 **하나님**은 산으로 거처를 옮기지 않으셨다.

그분의 거룩한 주소도 바뀌지 않았다.
그분은 여느 때처럼 변함없이 다스리시고
모든 것을 눈여겨보시며,
눈도 깜빡하지 않으신다.
제멋대로 구는 아담의 후손을
안팎으로 살피시되, 하나도 놓치지 않으신다.
선인과 악인을 똑같이 시험하시고
부정행위에 격분하신다.
하나님의 시험에서 떨어진 자는 밖으로 내쫓겨,
쏟아지는 불덩이를 맞게 되리라.
수통에 가득한 사막 열풍을 마시게 되리라.

⁷ 모든 일을 바로잡는 것이야말로 **하나님**이 하시는 일.
주님은 올바른 기준 정하기를 기뻐하시고
우리를 바로 서게 하시는 분,
우리가 떳떳하면, 그분의 얼굴 마주하게 되리라.

다윗의 시

12

¹⁻² **하나님**, 서두르소서. 주님의 손길이 절실합니다!
마지막 남은 의인마저 쓰러지고
의지했던 친구들도 떠나고 없습니다.
거짓말이 모국어가 된 듯
번지르르한 입술에서 거짓말이 흘러나옵니다.

한 입으로 두말을 해댑니다.

3-4 저들 얼굴에서 입술을 베어 버리소서!
나불대는 저 입에서 혀를 뽑아 버리소서!
"우리가 말로 구워삶지 못할 자 누구랴?
세 치 혀로 하지 못할 일이 무엇이랴?" 하며 떠드는 소리,
더는 못 듣겠습니다.

5 가난한 이들의 오두막과
집 없는 이들이 신음하는 캄캄한 골목길을 향해, 하나님이
말씀하신다.
"내가 더는 못 참겠다. 이제 가서,
저 가련한 이들의 가슴속 응어리를 풀어 주리라."

6-8 하나님의 말씀은 순전한 말씀,
도가니 불로
일곱 번 정련한 은과 같구나.
하늘에서처럼 땅에서도 순전하도다.
하나님, 저들의 거짓말에서 우리를 지켜 주소서.
거짓말로 우리를 사냥하는 저 악한 자들,
거짓말로 이름을 떨치는 저 악인들에게서
우리를 지켜 주소서.

다윗의 시

13 ¹⁻² **하나님,** 그만하면 충분합니다.
너무 오래도록 나를 못 본 체하시고
주님의 뒷모습만 보여주셨습니다.
무겁고 쓰라린 고통,
겪을 만큼 겪었습니다.
오만한 원수들의 조롱,
받을 만큼 받았습니다.

³⁻⁴ **하나님,** 나의 하나님, 나를 눈여겨봐 주소서.
원수에게 당하지 않고
넘어져도 비웃음당하지 않도록
나, 두 눈 똑바로 뜨고 살고 싶습니다.

⁵⁻⁶ 주님 품에 달려든 이 몸,
주님의 구원을 기뻐합니다.
기도 응답을 넘치도록 받았으니
이제 목이 터져라 노래 부릅니다.

다윗의 시

14 ¹ 비루하고 거만한 인간들,
"하나님은 없다"고 허튼소리 하는구나.
저들의 말은 독가스,

공기를 오염시키고
강과 하늘을 더럽힌다.
그저 엉겅퀴나 키워 낼 뿐.

2 **하나님**께서 하늘에서 고개를 내미시고
아래를 둘러보신다.
혹 우둔하지 않은 자가 있나 찾아보신다.
누구 하나 하나님을 바라는 사람,
하나님을 위해 준비된 사람이 있나 하고.

3 그러나 허탕만 치실 뿐,
단 한 사람도 찾지 못하신다.
다들 쓸모없는 자, 어중이떠중이들뿐.
돌아가며 양의 탈을 쓰고 목자 행세나 하니
열이면 열, 백이면 백
모두 제멋대로 가는구나.

4 저 사기꾼들,
정말 머리가 빈 것이냐?
패스트푸드 먹어 치우듯 내 백성을 집어삼키고도
너무 바빠서 기도하지 못한다니,
그러고도 무사하리라
생각한단 말이냐?

5-6 밤이 오고 있다. 악몽이 그들에게 닥치리니
하나님은 희생자들의 편이시기 때문이다.
가난한 이들의 꿈에
재를 뿌릴 수 있을 줄 알았더냐?
아서라. 하나님은
그들의 꿈을 이루어 주시는 분이다.

7 이스라엘을 구원할 이 누구인가?
그렇다. 하나님이 계신다. 하나님은 우리 삶을 반전시키는 분.
신세가 역전된 야곱이 기뻐 뛰놀고,
신세가 역전된 이스라엘이 웃으며 노래하는구나.

다윗의 시

15

1 **하나님, 당신 계신 곳에 초대받아
함께 저녁식사를 할 자 누구입니까?**
어떻게 해야 우리가 주님의 방문객 명단에 오를 수 있습니까?

2 "똑바로 걷고
바르게 행동하며
진실을 말하여라.

3-4 친구에게 해를 끼치지 말고
이웃을 탓하지 말며

비열한 자들을 경멸하여라.

5 손해가 나더라도 약속을 지키고
정직하게 살며
뇌물을 받지 마라.

이렇게 살면
주님 눈 밖에 나는 일
결코 없으리라."

다윗의 노래

16
1-2 하나님, 나를 지켜 주소서.
죽을힘 다해 주께 피합니다.
하나님께 구합니다. "나의 주님이 되어 주소서!"
하나님 없이는 모든 것이 헛됩니다.

3 하나님께서 택하시고 도처에 두신 이들,
나에게는 더없이 훌륭한 친구들입니다!

4 신(神)을 사러 가지 마라.
신들은 사고파는 물건이 아니다.
나, 신의 이름을 결코 상품 대하듯
하지 않으리라.

5-6 **하나님**, 나는 처음부터 주님만을 택했습니다.
그런데 이제 보니, 주께서 나를 택하신 것이었습니다!
주께서 내게 집과 마당을 주셨고
나를 주님의 상속자로 삼아 주셨습니다!

7-8 깨어 있을 때 **하나님**께서 주신 지혜로운 조언,
잠잘 때도 내 마음 굳게 붙듭니다.
나, 밤낮 **하나님**을 붙들겠습니다.
귀한 것 주시는 주님을 절대 떠나지 않겠습니다.

9-10 내 마음은 행복하고
나의 삶은 안팎으로 확고합니다.
주께서 내 지옥행 승차권을 취소해 주셨으니
이제 나 그리로 갈 일 없습니다!

11 주님은 나의 발을 생명 길에 두셨고
그 길은 온통 주님 얼굴빛으로 환히 빛납니다.
주께서 내 손을 잡으신 그날 이후로,
나, 바른 길에 서 있습니다.

다윗의 기도

17 1-2 **하나님**, 내 사정을 말씀드리니 귀 기울여 주소서.

거짓 없는 나의 기도, 주께 올려 드립니다.
주께서도 아시는 일이니
나의 무죄함을 세상에 알려 주소서.

3 나의 안과 밖을 샅샅이 살피시고
한밤중에도 들이닥쳐 나를 심문하소서.
나의 말이 틀림없음을,
조금도 거짓이 없음을 아시게 될 것입니다.

4-5 나는 세상 사람들처럼
내 마음대로 하지 않고
주님 뜻대로,
주님 말씀대로 살려고 애씁니다.
주님의 발자국 따라
한 걸음 한 걸음
내딛으려 합니다.
나는 포기할 줄을 모릅니다.

6-7 하나님, 응답을 확신하기에, 내가 주님을 부릅니다.
그러니 응답하소서! 귀 기울여 주소서!
담벼락마다 은혜라는 글자로 채워 주시고
두려워 떠는 이들,
주위의 무뢰배들을 피해 주께 달려오는

주님의 자녀들을 품어 주소서.

8-9 내게서 눈을 떼지 말아 주소서.
나를 노리는 악인들,
지긋지긋하게 몰려오는 저 원수들이 못 보게
나를 주님의 시원한 날개깃 아래 숨겨 주소서.

10-14 저들의 마음은 쇠못처럼 강고하고
저들의 입에서는 허풍이 뿜어져 나옵니다.
저들이 나를 쫓아와 뒤꿈치를 잡아채고
넘어뜨리려 합니다.
사자처럼 갈기갈기 찢으려 하고
젊은 사자처럼 독기를 품고 나를 덮치려 합니다.
하나님, 일어나소서! 저들의 턱수염을 뽑고, 뼈를 부러뜨리
소서!
주님의 칼을 들어 저들의 발톱에서 나를 빼내 주소서.
하나님, 오늘 너머의 일을 생각지 않는 저 작자들,
저 무지막지한 자들을 맨손으로 꺾으소서.

저들이 기근 때나 먹는 험한 음식을 먹고
부황 들린 모습을 내 눈으로 보고 싶습니다.
저들은 씨 뿌려 거둔 풀뿌리로
차마 못 먹을 빵을 만들 겁니다.

첫 번째 것은 자신들이 먹고, 두 번째 것은 자식들에게 주고
껍데기는 어린아이들에게 주어 씹게 하겠지요.

¹⁵ 그러나 나는 주님의 그 얼굴을
마주하여 볼 것입니다. 잠자리에서 일어날 때마다
주님 모습 그대로 뵙고,
지상에서 천국 맛보며 살 것입니다.

다윗이 모든 원수와 사울에게서 건짐을 받고 하나님께 바친 노래

18
¹⁻² 주님은 나를 강하게 하시는 **하나님**,
내가 주님을 사랑합니다.
하나님은 내가 발 디딜 반석,
내가 거하는 성채,
나를 구해 주시는 기사.
나, 높은 바위산 내 하나님께
죽기 살기로 달려가
그 병풍바위 뒤에 숨고
그 든든한 바위 속에 몸을 감춘다.

³ 존귀한 찬송을 **하나님**께 부르며
나, 안전과 구원을 누린다.

⁴⁻⁵ 사형집행인의 올가미가 내 목을 단단히 죄고

마귀의 물살이 나를 덮쳤다.
지옥 끈에 꽁꽁 묶이고
죽음의 덫에 갇혀 출구가 모조리 막혔다.

⁶ 이리도 험악한 세상! 나는 **하나님**께 외쳤다.
도와 달라고 부르짖었다.
그랬더니 하나님께서 그분의 왕궁에서 들으셨다.
내 부르짖음을 들으시고 나를 당신 앞에 불러 주셨다.
나를 독대해 주셨다!

7-15 땅이 진동하고 요동치며
거대한 산들이 나뭇잎처럼 흔들렸다.
사시나무 떨듯 떨었다.
그분께서 격노하셨기 때문이다.
코로 씩씩 연기를 내뿜으시고
입으로 불을 내뿜으셨다.
불 혀들이 널름거렸다.
하늘을 말아 내리고
땅을 밟으시니
땅 밑으로 심연이 패였다.
날개 돋친 생물을 타고,
바람날개를 타고 날아오르셨다.
먹구름을

외투로 두르셨다.
그러나 그분의 광채가 구름을 비집고 나와
우박과 불덩이를 쏟아 냈다.
하나님께서 하늘에서 천둥소리를 내셨다.
높으신 하나님께서 고함을 치셨다.
하나님이 활을 쏘셨다. 일대 아수라장이 되었다!
번개를 내리꽂으셨다. 다들 혼비백산 달아났다!
하나님께서 노호하시며
폭풍 분노를 터뜨리시자,
대양의 숨은 원천이 드러나고
대지의 심부가 훤히 드러났다.

16-19 그러나 그분께서 나를 붙잡아 주셨다.
하늘에서 바다까지 손을 뻗어 끌어올려 주셨다.
그 증오의 바다, 원수가 일으킨 혼돈에서부터,
내가 빠져든 그 공허로부터.
쓰러진 나를 그들이 걷어찼으나,
하나님께서 내 곁을 지켜 주셨다.
그분께서 나를 탁 트인 들판에 세워 주셨다.
나, 구원받아 거기 섰다. 놀라운 사랑이여!

20-24 조각난 내 삶을 다 맡겨 드렸더니,
하나님께서 온전하게 만들어 주셨다.

내 행실을 바로잡았더니
새 출발을 허락해 주셨다.
나 이제 **하나님**의 도(道)에 늘 정신을 바짝 차리고,
하나님을 예사롭게 여기지 않으리라.
매일 그분이 일하시는 방식을 유심히 살피며
하나도 놓치지 않으려 애쓰리라.
다시 시작하는 마음으로
한 걸음 한 걸음 신중히 내딛는다.
내 마음을 열어 보여드리니
하나님께서 내 인생 이야기를 다시 써 주셨다.

25-27 선한 이들은 주님의 선하심을 맛보고
온전한 이들은 주님의 온전하심을 맛보고
진실한 자들은 주님의 진실하심을 맛보지만,
악한 자들은 주님을 헤아리지 못할 것입니다.
주께서는 밟히는 이들의 편을 들어주시며,
콧대 높은 이들의 콧대를 꺾어 버리십니다.

28-29 **하나님**, 주께서 내 인생을 환히 비추시니
내가 하나님의 영광으로 밝게 빛납니다!
나, 날강도 떼를 박살내고
높디높은 담장도 뛰어넘습니다.

³⁰ 하나님은 얼마나 놀라우신가! 그분의 길은
쭉 뻗은 평탄대로.
하나님께서 가라 하시는 길은 모두 검증된 길.
그분은 누구든 달아나
몸을 숨길 수 있는 은신처.

³¹⁻⁴² **하나님** 같은 신이 있느냐?
우리의 반석이신 그분 같은 신이?
내 손에 무기를 쥐어 주시고
똑바로 겨누게 하시는 하나님 같은 신이?
나, 사슴처럼 뛰며,
산 정상에 올랐다.
그분이 내게 싸우는 법을 가르쳐 주셨다.
나, 청동활도 당길 수 있다!
주님은 내게 구원을 갑옷처럼 입혀 주십니다.
굳센 팔로 나를 붙드시고
부드러운 손길로 나를 어루만지십니다.
주께서 내가 선 땅을 든든하게 하시니,
내가 확고히 서서 흔들리지 않습니다.
내가 원수들을 뒤쫓아가, 그들을 붙잡았습니다.
그들이 기진하기까지 절대 놓지 않았습니다.
그들에게 강타를 먹이고, 그들을 아주 쓰러뜨렸습니다.
그런 다음 그들을 깔아뭉갰습니다.

주께서 나를 무장시켜 이 싸움을 하게 하셨습니다.
주께서 그 거만한 자들을 박살내셨습니다.
나의 원수들, 주님 앞에서 공무니를 빼고
나를 증오하던 그들, 내가 쓸어버렸습니다.
그들이 "형님!" 하고 외쳐 댔지만,
그들의 형님은 코빼기도 비치지 않았습니다.
하나님께도 소리를 질러 댔지만,
아무 대답도 듣지 못했습니다.
내가 그들을 가루로 만들어 바람에 날려 보냈습니다.
도랑에 오물 버리듯 그들을 내던졌습니다.

43-45 주께서 티격태격 다투는 백성에게서 나를 구하시고
뭇 민족의 지도자로 세워 주셨습니다.
내가 들어 보지도 못한 민족이 나를 섬겼습니다.
내 소문을 듣자마자 그들이 내 말에 귀를 기울였습니다.
이방인들이 항복하고 은신처에서
기어 나와 꿇어 엎드렸습니다.

46-48 **하나님**, 만세! 복 주시는 나의 반석,
나의 해방자 하나님, 출중하시도다!
그분께서 나를 위해 모든 일을 바로잡으시고
말대꾸하는 자들의 입을 막아 버리셨다.
원수의 분노에서 나를 구해 주셨다.

주께서 나를 거만한 자들의 손아귀에서 **빼내** 주시고
깡패들에게서 구해 주셨다.

49-50 그러므로 내가 세상 뭇 백성이 보는 앞에서
주 **하나님**께 감사를 드립니다.
주님의 이름에 운을 달아
노래를 부릅니다.
하나님이 세우신 왕이 승리를 얻고
하나님이 택하신 이가 사랑을 받음이여,
다윗과 그 자손에게, 영원토록.
언제까지나.

다윗의 시

19

1-2 하나님의 영광, 하늘을 순회하고
하나님의 솜씨, 수평선을 가로지르며 펼쳐진다.
낮이 아침마다 수업을 열고
밤이 저녁마다 강연을 베푼다.

3-4 그들의 말 들리지 않고
그들의 목소리 녹음되지 않으나,
그 침묵은 온 땅을 채우고
소리 없는 진리 어디에나 울려 퍼진다.

4-5 하나님께서 해를 위해
거대한 둥근 지붕을 만드셨으니, 그 지붕은 초대형!
아침 해는 신방에서 달려 나온
새신랑.
동틀 무렵의 해는
결승선을 향해 질주하는 달리기 선수.

6 동틀 녘부터 해질 녘까지,
하나님의 말씀도 그렇게 하늘을 누빈다.
얼음을 녹이고, 사막을 달구며,
마음을 어루만져 믿음을 갖게 한다.

7-9 **하나님의 계시는** 온전하여
우리 삶을 회복시키고,
하나님의 이정표는 확실하여
바른 길을 알려 준다.
하나님의 인생지도는 정확하여
기쁨에 이르는 길을 보여주고,
하나님의 지시는 분명하여
알아보기 쉽다.
하나님의 명성은
순금같이 변함없고,
하나님의 결정은 정확하여

한 치의 오차도 없다.

10 하나님의 말씀은 다이아몬드보다
에메랄드 두른 다이아몬드보다 나으니,
너는 봄철 딸기보다 더 말씀을 좋아하게 되리라.
붉게 잘 익은 딸기보다 더.

11-14 그뿐이 아니라, 하나님의 말씀은 위험을 경고하고
감춰진 보물이 있는 곳도 알려 준다.
하나님의 말씀이 아니면 우리가 어떻게 길을 찾고,
우리의 어리석음을 어떻게 분별할 수 있겠는가?
하나님, 우리의 지난 잘못을 깨끗게 해주소서,
하루를 새롭게 시작하게 하소서!
어리석은 죄에 빠지지 않게 하시고
내가 주님을 대신할 수 있다고 생각하지 않게 하소서.
그제야 내가 햇빛에 깨끗이 씻겨
죄의 얼룩 말끔히 지운 상태로 하루를 시작할 수 있습니다.
이것이 내 입에 담은 말,
내가 곱씹고 기도하는 것입니다.
오, 나의 제단 반석이신 하나님,
내 기도, 아침 제단에 바치오니
받아 주소서.
나의 제단―제사장이신 하나님.

다윗의 시

20

1-4 왕이 큰 어려움을 당할 때
하나님께서 왕에게 응답해 주시기를.
야곱의 하나님의 이름이 왕을 안전하게 지키시고
거룩한 산에서 원군을 보내 주시며,
시온에서 새 보급품을 보내 주시기를.
왕의 예물에 감탄하시고
왕의 제물을 기쁘게 받으시기를.
왕이 소망하는 것을 허락하시고
왕의 계획들을 이루어 주시기를.

5 왕이 승리할 때, 우리, 지붕이 들썩이도록 함성 지르며
깃발 들고 행렬을 이끌리라.
왕의 모든 소원이 이루어지기를!

6 그렇게 되리라. 도움이 오고
응답이 가까워져
모든 일이 잘되리라.

7-8 전차를 반짝반짝 윤내는 이들,
군마를 손질하는 저들이 보이는가?
그러나 우리는 우리 하나님을 위해 화환을 만든다.
전차는 녹슬고

군마는 절름거리다 멈춰 서지만,
우리는 두 발로 서서 당당히 나서리라.

⁹ **하나님**, 왕에게 승리를 주소서.
우리가 부르짖는 날, 응답하여 주소서.

다윗의 시

21 ¹⁻⁷ **하나님**, 주님의 힘은 곧 왕의 힘입니다.
주님의 도움받은 왕이 호산나를 외칩니다.
주께서는 왕이 원하는 것을 들어주시고
물리치지 않으셨습니다.
왕의 품에 한가득 선물을 안기시고
그를 성대하게 맞아 주셨습니다.
왕이 원한 행복한 삶을 허락하시고
장수의 복까지 얹어 주셨습니다.
왕을 뭉게구름처럼 높여 빛나게 하시고
그에게 오색찬란한 옷을 입히셨습니다.
주께서 왕에게 복에 복을 더하시고
환한 얼굴빛으로 기쁨을 선사하십니다.
그러니 왕이 **하나님**을 사랑하고
가장 좋은 분을 떠나지 않을밖에요.

⁸⁻¹² 주께서 한 손에는 원수들,

다른 손에는 미워하는 자들을 움켜쥐시고
용광로 앞에서 광채를 발하시니
저들이 잔뜩 몸을 움츠립니다.
이제 용광로가 저들을 송두리째 삼키고
불이 그들을 산 채로 잡아먹습니다!
주님은 저들의 후손을 땅에서 쓸어버리시고
세상을 새롭게 하십니다.
저들이 꾸민 온갖 흉계와 음모는
모조리 불발로 끝났습니다.
주께서 저들을 쫓아내셨으니
저들은 주님의 얼굴을 보지 못할 것입니다.

¹³ 하나님, 모든 사람이 알아보도록 주님의 능력 떨치소서.
우리는 밖으로 나가 이 기쁜 소식을 노래하겠습니다!

다윗의 시

22

¹⁻² 하나님, 하나님, 나의 하나님!
어찌하여 나를 이토록 외딴 곳에
버려두십니까?
고통으로 몸을 웅크린 채
종일토록 하나님께 부르짖건만
응답이 없습니다. 한 마디도.
나, 밤새 하나님께 부르짖으며 몸을 뒤척입니다.

3-5 그런데 하나님! 주께서는 이스라엘의 찬양에 몸을 맡긴 채
내 곤경을 남의 일처럼 여기십니까?
주께서 우리 조상들과 함께하셨음을 잘 압니다.
그들이 주께 도움을 구했고, 주님은 응답하셨습니다.
그들은 주님을 신뢰하며 행복하게 살았습니다.

6-8 그러나 나는 하찮은 몸,
밟혀 으스러지는 지렁이.
모두가 나를 놀립니다.
내 모습에 얼굴을 찌푸리고 고개를 가로젓습니다.
"하나님이 저 자를 어떻게 하는지 보자.
하나님이 저 자를 그리 좋아한다니, 어떻게 도우시나 보자!"

9-11 주님은 내가 태어나던 날 나를 받아 주신 분,
어머니의 젖가슴에 나를 안겨 주신 분!
모태에서 나온 나를 품에 안으신 그때부터 지금까지
줄곧 나의 하나님이셨던 분.
그런데 이제 주께서 나를 멀리 떠나셨고
고난이 바로 옆집으로 이사를 왔습니다.
도움의 손길, 더없이 간절합니다.

12-13 황소 떼가 내게 달려듭니다.
미친 듯이 날뛰며 몰려옵니다.

이동하는 물소 떼처럼
뿔을 바싹 낮추고 콧김을 내뿜습니다.

14-15 나는 걷어채어 엎질러진 물동이,
내 몸의 뼈마디가 모두 어그러졌습니다.
내 마음은 속에서 녹아내린
한 방울 밀랍.
나는 해골처럼 바싹 말랐고
혀는 거뭇하게 부어올랐습니다.
저들이 땅에 묻으려고
나를 때려눕혔습니다.

16-18 이제는 들개 무리가 달려들고
폭력배들이 떼 지어 공격합니다.
내 손발을 옴짝달싹 못하게 묶어
우리에 가둡니다.
앙상한 몸으로 우리에 갇힌 나를
지나가는 사람마다 쳐다봅니다.
그들이 내 지갑과 겉옷을 빼앗고
내 옷을 차지하려고 주사위를 던집니다.

19-21 하나님, 지체치 마시고 나를 구해 주소서!
어서 나를 도와주소서!

저들이 내 목을 치지 못하게 하소서.
저 잡종개들이 나를 삼키지 못하게 하소서.
주께서 속히 오시지 않으면
나는 가망이 없습니다. 황소들에게 받히고
사자들의 먹이가 되고 말 것입니다.

22-24 벗들이 예배하러 모일 때, 나 이렇게 말하겠습니다.
주님을 찬양하며 힘주어 말하겠습니다.
너희 하나님을 예배하는 이들아, 할렐루야를 외쳐라.
너희 야곱의 아들들아, 그분께 영광을 돌려라.
너희 이스라엘의 딸들아, 그분을 찬양하여라.
너희가 학대당할 때
그분은 한 번도 너희를 저버리거나
외면하신 적이 없다.
다른 일 보느라 자리를 뜨지 않으셨다.
바로 그 자리에 계셨고, 귀 기울여 들으셨다.

25-26 이 큰 예배 모임에서
찬양의 기쁨을 알았습니다.
내가 서원했던 일을 바로 이 자리,
하나님을 예배하는 이들 앞에서 이행하겠습니다.
부랑자들이 하나님의 식탁에 앉아
배불리 먹는다.

하나님을 찾는 모든 이들이
여기서 그분을 찬양한다.
"마음껏 즐겨라, 머리부터 발끝까지.
절대 멈추지 마라!"

27-28 온 땅에서
사람들이 제정신을 차리고
황급히 하나님께 돌아온다.
오랫동안 보지 못한 가문들이
그분 앞에 나와 엎드린다.
하나님께서 권좌에 앉으셨다.
이제부터는 그분께서 결정권을 쥐신다.

29 힘 있는 자들이 그분 앞에 나와
경배한다!
가난하고 힘없는 이들도 모두 나와
경배한다!
어중이떠중이들도 덩달아
경배한다!

30-31 우리 자녀와 그 후손들이
이 예배에 참여하리니,
주님의 말씀이 대대로

전해지리라.
잉태 전의 아기들도
하나님은 말씀하신 대로 행하신다는
복된 소식 듣게 되리라.

다윗의 시

23
1-3 하나님은 나의 목자!
내게 부족한 것이 없습니다.
주께서 나를 푸른 풀밭에 누이시고
잔잔한 물가를 찾아 목을 축이게 하십니다.
말씀하신 대로,
나를 잠시 쉬게 하신 후
바른 길로 인도하십니다.

4 내가 죽음의 골짜기를
지날지라도
두려울 것이 없으니,
주께서 나와 함께 걸으시기 때문입니다.
주님의 믿음직한 지팡이를 보니
내 마음 든든합니다.

5 주께서 내 원수들이 보는 앞에서
내게 성대한 만찬을 차려 주시고

축 처진 내 고개를 세워 주시니
내 잔에 복이 넘칩니다.

6 내 사는 동안 날마다
주님의 아름다움과 사랑이 나를 따르리니,
나, **하나님**의 집으로 돌아가
평생토록 그곳에서 살겠습니다.

다윗의 시

24
1-2 땅과 그 안에 있는 모든 것이 **하나님**의 것,
세상과 거기 사는 모든 사람도 **하나님**의 것.
그분께서 대양 위에 땅을 세우시고
강 위에 세상을 펼치셨다.

3-4 누가 **하나님**의 산에 오를 수 있는가?
누가 그 거룩한 북벽에 오를 수 있는가?
오직 손이 깨끗한 이,
오직 마음이 깨끗한 이,
속이지 않는 남자들,
호리지 않는 여자들이다.

5-6 **하나님**께서는 그들 편이시니
하나님의 도우심으로 그들이 성공하리라.

야곱아, 이것이 하나님을 구하는 이들,
하나님을 찾는 이들에게 일어나는 일이다.

7 일어나라, 너 잠든 도성이여!
일어나라, 너희 잠든 백성들아!
영광의 왕께서 들어가신다.

8 영광의 왕이 누구신가?
무장하고
전투태세를 갖춘 **하나님**이시다.

9 일어나라, 너 잠든 도성이여!
일어나라, 너희 잠든 백성들아!
영광의 왕께서 들어가신다.

10 영광의 왕이 누구신가?
만군의 **하나님**이시다.
그분이 영광의 왕이시다.

다윗의 시

25
1-2 **하나님**, 내 머리를 높이 듭니다.
하나님, 주님을 의지하오니
비열한 자가 나를 뒤쫓지 못하게 하소서.

³ 주님과 운명을 같이하기로 했으니
나를 부끄럽게 하지 않으시겠지요?
원수가 나를 이기지 못하게 하시겠지요?

주님을 위해 위험을 무릅쓴 우리를
부끄럽게 하지 마소서.
수치를 당해야 할 쪽은 배신자들입니다.

⁴ **하나님**, 주께서 어떻게 일하시는지 보여주시고
주님의 길을 내게 가르쳐 주소서.

⁵ 내 손을 잡으시고
진리의 길로 이끌어 주소서.
주께서는 나의 구원자 아니십니까?

⁶ **하나님**, 주님의 긍휼과 사랑을 이정표로 삼으시고
옛적의 경계표들을 다시 세우소서!

⁷ 내 젊은 시절의 방탕한 생활은 잊으시고
내게 주님 사랑의 흔적 남기소서.
하나님, 나를 위해 가장 좋은 일만 계획하소서!

⁸ **하나님**은 공정하고 바르시니,

엇나간 자들을 바로잡아
바른 길로 인도하신다.

⁹ 하나님은 따돌림 받는 이들에게 손을 내미시고
그들을 한 걸음 한 걸음 이끄신다.

¹⁰ 이제부터 너희가 걷는 길은 모두
하나님께 이르는 길이 되리니,
언약의 표지판을 따르고
노선도를 잘 살펴라.

¹¹ **하나님**, 주님의 명성을 위해서라도
나의 죄악된 삶을 용서해 주소서.
이 몸, 참으로 악하게 살았습니다.

¹² 하나님을 경외하는 이들을 무엇에 비교할까?
그들은 바로, 하나님의 과녁을 겨냥한 화살.

¹³ 그들은 목 좋은 곳에 자리 잡고
그 자손은 비옥한 농장을 물려받는다.

¹⁴ 하나님의 호의는 그분을 경외하는 이들의 것.
하나님은 그들에게 속마음을 털어놓으신다.

¹⁵ 나, **하나님**에게서 눈을 떼지 않으니
내 발이 걸려 넘어지는 일 없으리라.

¹⁶ 하나님, 나를 보시고 도우소서!
곤경에 처한 이 몸, 의지할 곳 없습니다.

¹⁷ 내 심장과 콩팥이 내 속에서 서로 싸우니
이 내전을 중지시켜 주소서.

¹⁸ 중노동에 허덕이는 내 인생을 살피시고
죄에 눌린 무거운 마음 없애 주소서.

¹⁹ 얼마나 많은 자들이
나를 미워하는지 보이십니까?
내게 앙심을 품은 저들이 보이십니까?

²⁰ 나를 지켜보시고 곤경에서 건지소서.
주께로 도망치니, 나를 못 본 체하지 마소서.

²¹ 주님의 솜씨 전부 발휘하셔서 나를 다듬어 주소서.
완성된 내 모습 어떨지 몹시도 궁금합니다.

²² **하나님**, 주님의 백성을 너그럽게 보시고

꼬리에 꼬리를 무는 이 불행에서 벗어나게 하소서.

다윗의 시

26

¹ **하나님, 내 무고함을 밝혀 주소서.**
이 몸, 정직을 신조로 삼고 살아왔습니다.
하나님, 주께 내 운명을 걸었고
그 마음, 지금도 변함이 없습니다.

² **하나님, 머리부터 발끝까지 나를 살피시고**
샅샅이 시험해 보소서.
내게 흠잡을 곳 있는지 안팎으로
확인해 보소서.

³ 이 몸, 주님의 사랑
한시도 잊은 적 없고,
주님과 보조를 맞춰 걸으며
한 박자도 놓친 적 없습니다.

⁴⁻⁵ 사기꾼들과 어울리지 않고
조폭들과도 사귀지 않습니다.
불량배 무리를 미워하고
겉과 속이 다른 자들을 상대하지 않습니다.

6-7 **하나님**, 가장 깨끗한 비누로 내 손을 씻고
다른 이들과 손잡고 빙 둘러서서
주님의 제단을 돌며 춤을 춥니다.
하나님의 노래 목청껏 부르며
하나님의 이야기를 전합니다.

8-10 **하나님**, 주님의 집이 주님의 영광으로 빛나기에
이 몸, 주님과 함께 사는 것이 참으로 좋습니다.
봄맞이 대청소를 할 때가 되었으니
나를 사기꾼, 악당들과 함께 쓸어 내지 마시고,
더러운 속임수 가방을 둘러멘 남자들,
뇌물 가득한 지갑 든 여자들만 쓸어버리소서.

11-12 내가 주님 앞에서 떳떳한 것 아시니,
이제 주께서 나를 떳떳이 대해 주소서.
하나님, 내가 주께 부끄럽지 않으니,
기회 있을 때마다 내가 주님을 찬양하겠습니다.

다윗의 시

27

¹ **하나님은 빛, 공간, 열정.**
하나님은 바로 그런 분!
그분이 내 편이시니, 나 두렵지 않다.
그 누구도, 그 무엇도 겁나지 않다.

² 말 탄 야만족이 달려들어
나를 산 채로 집어삼키려 해도,
그 악당과 불량배들
꼴사납게 고꾸라지리라.

³ 사방으로 포위당해도
나 아기처럼 고요하며,
큰 혼란이 일어도
나 침착하고 냉정하리라.

⁴ 하나님께 구하는 것은
오직 한 가지.
내 평생
그분의 집에서 그분과 함께 살며,
그분의 아름다우심 묵상하고
그분의 발치에서 전심으로 배우는 것.

⁵ 떠들썩한 세상 한가운데서
고요하고 안전한 곳은, 오직 주님의 집뿐.
시끌벅적한 도로에서 멀찌감치 물러선
완벽한 은신처.

⁶ 나를 끌어내리려는 모든 자들 위로
하나님께서 내 머리와 어깨를 들어 올리시리니,
나, 그분의 처소로 나아가
지붕이 들썩이도록 찬양하리라!
나, 하나님의 노래를 부르며
하나님께 드릴 음악을 연주하리라.

⁷⁻⁹ **하나님**, 들으소서. 내가 목청껏 부르짖습니다.
"나를 보아 주소서! 내게 응답하소서!"
내 마음이 "하나님을 찾으라" 하고 속삭이면,
내 온몸이 "지금 그분을 찾고 있다!" 하고 대답합니다.
그러니 내게서 숨지 마소서!

⁹⁻¹⁰ 주님은 줄곧 내게 힘이 되어 주셨으니
이제 와서 나를 못 본 체하지 마소서.
주님은 줄곧 나를 위해 문을 열어 놓으셨으니
나를 쫓아내지도, 버리지도 마소서.
내 아버지와 어머니는 나를 버리고 떠났지만
하나님께서는 나를 맞아들이셨습니다.

¹¹⁻¹² **하나님**, 주님의 큰길을 내게 가르쳐 주시고
불빛 환한 길을 따라 나를 인도하소서,
주께서 누구 편이신지 내 원수들에게 보여주소서.

나를 개들에게 던지지 마소서.
저들은 나를 잡으려고
쉴 새 없이 으름장 놓는 거짓말쟁이들입니다.

13-14 내가 풍요의 땅에서
하나님의 선하심을 보게 될 것을 확신합니다.
하나님 곁에 머물러라!
용기를 내어라. 포기하지 마라.
거듭 말하노니,
하나님 곁에 머물러라.

다윗의 시

28

¹ 하나님, 내가 주께 부르짖을 때
못 들은 체하지 마소서.
주께 얻는 것이
귀를 먹먹하게 하는 침묵뿐이라면,
차라리 블랙홀 속으로 빠져드는 편이
낫겠습니다.

² 내게 필요한 것을 주께 알리며
도움을 구합니다.
주님의 은밀한 성소를 향해
내 두 손을 듭니다.

3-4 나를 저 악한 자들과 함께
한 감방에 밀어 넣지 마소서.
보란 듯이 악을 저지르는 자들과
같이 가두지 마소서.
저들은 그럴싸하게 '평화'를 말하지만
은밀하게 악마를 위해 일합니다.

저들이 행한 그대로,
저들이 저지른 악 그대로 되갚으소서.
저들이 악마의 일터에서 보낸
기나긴 시간만큼 되갚으시고,
거기에 두둑한 보너스까지 얹어 주소서.

5 하나님께서 어찌 일하시는지
무엇을 꾀하시는지 알지 못하는 저들,
하나님께서 저들을 산산이 부수시고
폐허로 만들어 버리실 것입니다.

6-7 **하나님**을 찬양하여라.
주께서 내 기도를 들어주셨다.
주께서 내 편이심을 증명해 주셨으니,
나는 주님과 운명을 같이할 것이다.

나, 이제 기뻐 뛰고
소리 높여 감사하며 그분을 찬양하리라.

8-9 **하나님**은 자기 백성에게 최고의 힘,
택하신 지도자에게 드넓은 은신처가 되십니다.
주님의 백성을 구원하시고,
주님 소유된 자들에게 복을 내리소서.
그들을 보살피시고
선한 목자와 같이 그들을 이끌어 주소서.

다윗의 시

29

1-2 **만세, 하나님 만세!**
신들과 천사들이 환호성을 올린다.
두려운 마음으로 하나님의 영광을 마주하고
떨리는 마음으로 하나님의 능력을 목도하여라.
주의하여 서 있거라!
가장 좋은 옷을 차려 입고 그분께 예를 갖추어라!

3 **하나님**께서 천둥소리 내시며 물 위를 질주하신다.
찬란한 그분 목소리, 광채를 발하는 그 얼굴.
하나님께서 큰물을 가로질러 오신다.

4 **하나님**의 우렛소리는 북소리 같고

하나님의 천둥소리는 교향악 같다.
5 **하나님**의 우렛소리가 백향목을 박살낸다.
하나님께서 북쪽의 백향목을 쓰러뜨리신다.

6 산맥들이 봄철 망아지처럼 뛰놀고
산마루들이 야생 새끼염소처럼 날뛴다.

7-8 **하나님**의 우렛소리에 불꽃이 튀긴다.
하나님의 천둥소리에 광야가 흔들린다.
그분께서 가데스 광야를 뒤흔드신다.

9 **하나님**의 우렛소리에 참나무들이 춤춘다.
억수 같은 비가 가지들을 벌거숭이로 만든다.
온몸을 뒤흔드는 격렬한 저 춤.
모두가 무릎 꿇고 외친다. "영광!"

10 큰물 위에 **하나님**의 보좌 있으니
거기서 그분의 능력 흘러나오고,
그분께서 세상을 다스리신다.

11 **하나님**께서 자기 백성을 강하게 하신다.
하나님께서 자기 백성에게 평화를 주신다.

다윗의 시

30

¹ 하나님, 나는 오직 주님만 신뢰합니다.
주님은 나를 궁지에서 건져 내셔서,
원수들의 조롱거리가 되지 않게 하셨습니다.

²⁻³ 하나님, 나의 하나님, 내가 도와 달라고 외칠 때
주께서 나를 회복시켜 주셨습니다.
하나님, 주께서 이 몸을 무덤에서 끌어내셨고,
내가 더없이 막막한 신세가 되었을 때
다시 살 기회를 주셨습니다.

⁴⁻⁵ 너희 모든 성도들아! 마음을 다해 하나님을 찬양하여라!
그분의 얼굴을 바라며 감사하여라!
이따금 그분께서 노하실지라도,
평생 변함없는 것은 오직 그분의 사랑뿐.
밤에 하염없이 울다가도
낮이 되면 환히 웃게 되리라.

⁶⁻⁷ 모든 일이 순조로울 때 나, 이렇게 외쳤습니다.
"나는 확실히 성공했어.
나는 하나님의 총애를 받는 사람이야.
하나님이 나를 산의 왕이 되게 해주셨어."
그러자 주께서 고개를 돌리셨고

나는 산산이 무너지고 말았습니다.

8-10 **하나님,** 내가 주님을 큰소리로 부르며,
내 사정을 주님 앞에 다 털어놓았습니다.
"내가 죽어 나를 내다 파신들,
묘지에 장을 열고 나를 경매로 넘기신들,
주께 무슨 이득이 되겠습니까?
내가 한 줌 먼지가 되어 사라지면,
주님 기리는 나의 노래와 이야기를
아무도 거들떠보지 않을 것입니다.
그러니 들으소서! 이 몸을 돌아보소서!
나를 도우셔서 이 곤경에서 건져 내소서!"

11-12 주께서 내 하소연을 들으시고
내 격한 탄식을 소용돌이 춤으로 바꾸셨습니다.
내 검은 상장(喪章)을 떼어 내시고
들꽃으로 나를 꾸며 주셨습니다.
내 안에 노래가 차올라, 가슴이 터질 것만 같습니다.
도저히 잠잠할 수 없습니다.
하나님, 나의 하나님,
감사한 이 마음, 어찌 다 전할지 모르겠습니다.

다윗의 시

31

1-2 **하나님**, 내가 주께 도망칩니다.
죽을힘 다해 주께로 달아납니다.
나를 못 본 체하지 마소서!
이번만은 내 말을 진지하게 들어주소서!
내 눈높이로 내려오셔서 들어주소서!
부디 지체하지 마소서!
주님의 견고한 동굴은 나의 은신처,
주님의 높다란 절벽 요새는 나의 피난처입니다.

3-5 주님은 내가 숨어드는 동굴,
내가 기어오르는 절벽.
나의 든든한 인도자,
나의 진정한 길 안내자가 되어 주소서.
숨겨진 덫에서 나를 빼내소서.
주께로 숨어들고 싶습니다.
내 목숨을 주님 손에 맡겼습니다.
주께서는 나를 떨어뜨리지도,
버리지도 않으시겠지요.

6-13 내가 이 어리석은 종교 놀음을 미워하고
하나님, 오직 주님만 신뢰합니다.
내가 주님 사랑의 울타리 안에서 겅중겅중 뛰며 노래하니,

주께서 내 아픔 보시고
나를 괴롭히던 자들을 무장 해제시키셨습니다.
주님은 저들의 손아귀에 나를 두지 않으시고
나에게 숨 돌릴 여유를 주셨습니다.
하나님, 나를 친절히 대해 주소서.
내가 다시 깊고 깊은 곤경에 **빠졌습니다**.
하염없이 눈물이 나고
마음은 텅 비었습니다.
내 목숨은 신음으로 새어 나가고
내 세월은 한숨으로 다해 갑니다.
근심으로 녹초가 되었고
뼈는 가루로 변했습니다.
원수들은 나를 괴물 보듯 하고
이웃들에게는 조롱거리가 되었습니다.
친구들도 내 몰골에 놀라
보고도 못 본 척 멀찍이 돌아갑니다.
저들은 나를 기억에서 지우고 싶어 합니다.
무덤 속 시체마냥 나를 잊고.
쓰레기통 안 깨진 접시마냥 나를 버리려 합니다.
길거리에서 수군대는 소리를 듣고 있으면
정신이 나가 칼이라도 휘두를 것 같습니다!
저들은 문을 꼭꼭 닫아걸고는
나를 영원히 파멸시킬 음모를 꾸밉니다.

14-18 절박한 심정으로 주께 의지합니다.
주님은 나의 하나님이십니다!
내 모든 순간순간을 주님 손에 맡기니
나를 죽이려는 자들에게서 나를 지켜 주소서.
주님의 종의 마음을 미소로 녹여 주시고
나를 아끼시니 구원해 주소서.
주께 여러 번 기별을 드렸으니
찾아오셔서 나를 안심시켜 주소서.
악인들이나 난처하게, 허탕 치게 하셔서
저들이 머리를 설레설레 저으며
지옥으로 떠내려가게 하소서.
주님을 따르는 나를 조롱과 야유로 놀려 대는
시끄러운 거짓말쟁이들,
저들의 입을 틀어막아 주소서.

19-22 주님을 섬기는 이들을 위해
주께서 준비하신 어마어마한 복 더미,
고약한 세상을 피해
주께로 도망치는 이들을 기다리고 있군요.
주께서는 그들을 안전하게 감추시고
적대자의 손길이 미치지 못하게 하십니다.
조롱하는 저 번드르르한 얼굴들을 퇴짜 놓으시고
지독한 험담을 잠잠케 하십니다.

하나님을 찬양하여라!
그분의 사랑은 세상 최고의 불가사의.
포위 공격에 갇힌 이 몸, 더럭 겁이 나 이렇게 말했습니다.
"내가 주님 눈 밖에 났구나."
그러나 주님은 내 목소리를 들으시고
내 말에 귀 기울여 주셨습니다.

²³ 너희 모든 성도들아, **하나님**을 사랑하여라.
하나님께서는 그분을 가까이하는 모든 사람을 보살피시나,
거만하여 자기 힘으로 하려는 자들에게는
고스란히 갚으신다.

²⁴ 용기를 내어라. 굳세어라. 포기하지 마라.
이제 곧 오시리니, **하나님**을 바라라.

다윗의 시

32
¹ 스스로 행운아로 여겨라. 그대, 얼마나 복된
사람인지.
잘못을 말끔히 씻고
새 출발하는 그대.

² 스스로 행운아로 여겨라.
하나님께서 흠잡으실 구석 전혀 없고

하나님께 아무것도 숨길 것 없는 그대.

3 내 속에 꼭꼭 담아 두려고 했더니,
내 뼈는 가루로 변하고
내 말은 종일토록 신음이 되었습니다.

4 나를 짓누르는 중압감 그치지 않으니
내 생명의 진액이 다 말라 버렸습니다.

5 마침내 내 모든 것 주께 고백했습니다.
"**하나님께** 내 잘못 모조리 털어놓겠습니다."

갑자기 나를 짓누르던 압박이 사라지고,
죄책감이 날아갑니다.
내 죄가 사라졌습니다.

6 그러므로 우리가 너나없이 기도하는 이것은
너무나 합당한 일입니다.
대혼란이 일어나고 댐이 터질지라도,
높은 곳에 있는 우리는 해를 입지 않을 것입니다.

7 **하나님**은 내가 은신하는 섬.
위험이 해안에 이르지 못하게 하시고

호산나의 화환을 내 목에 걸어 주십니다.

8 너희에게 유익한 조언을 몇 마디 하겠다.
너희 얼굴을 똑바로 쳐다보고
있는 그대로 말하겠다.

9 "말이나 노새처럼 고집을 부리지 마라.
그것들은 재갈과 고삐를 채워야만
제 길로 간다."

10 하나님을 무시하는 자는 언제나 곤경에 처하지만,
하나님을 인정하는 사람은 인생의 굽이굽이마다
주님의 사랑을 깨닫는다.

11 **하나님**을 찬양하여라.
다 함께 노래하여라!
마음이 정직한 너희여, 목청껏 환호하여라!

33

1-3 선한 너희여, **하나님**을 기뻐하여라!
바르게 사는 이들의 찬양만큼 아름다운 것 없도다.
기타 반주로 주님을 찬양하여라!
그랜드피아노로 찬양곡을 연주하여라!

새 노래로 주님을 기리고
트럼펫으로 팡파르를 울려라.

4-5 **하나님** 말씀은 속속들이 믿을 수 있고
그분께서 지으신 것 무엇 하나 흠이 없다.
하나님이 기뻐하시는 것은,
모든 것 제자리를 찾고
그분의 세계가 다림줄처럼 바르게 움직이는 것.
하나님의 인자하심이
온 땅을 흠뻑 적신다.

6-7 **하나님**께서 명령하시자, 하늘이 생겨나고
나직이 속삭이시자, 불쑥 별들이 나타났다.
그분께서 바다를 자기 항아리에 퍼 담으시고
대양을 나무통 안에 부으셨다.

8-9 땅의 피조물들아, **하나님**께 절하여라.
세상의 거민들아, 무릎을 꿇어라!
그분께서 말씀하시자,
말씀하신 그 순간에 세상이 생겨났다.

10-12 **하나님**께서 바벨의 허세를 제압하시고
세상의 집권 계획을 수포로 돌리신다.

세상을 위한 **하나님**의 계획은 굳게 서고
그분의 모든 설계는 무너지지 않는다.
하나님과 동행하며 하나님을 위하는 나라는 복이 있다.
그분께서 상속자로 삼으신 백성은 복이 있다.

13-15 **하나님**께서 하늘 높은 곳에서 둘러보시며
아담의 모든 자손을 바라보신다.
앉아 계신 그 자리에서
땅에 사는 우리 모두를 굽어보신다.
그분께서 각 사람을 지으셨으니
이제, 우리가 하는 모든 일을 지켜보신다.

16-17 큰 군대가 있다고 왕이 성공하는 것은 아니며,
큰 힘이 있다고 용사가 승리하는 것도 아니다.
말(馬)의 힘이 답은 아니며,
완력만으로 구원을 얻는 사람도 없다.

18-19 하나님의 눈은 그분을 귀히 여기는 이들,
그분의 사랑을 구하고 찾는 이들에게 머문다.
그들이 역경에 처할 때 당장 구하러 오시며,
어려울 때 그들의 몸과 영혼을 모두 돌보아 주신다.

20-22 우리가 **하나님**을 의지하니,

그분은 우리가 필요로 하는 전부.
그 거룩하신 이름, 우리 소유 삼았으니
우리 마음 기쁨이 넘치네.
하나님, 우리가 주님을 의지합니다.
주님의 전부로, 우리를 사랑해 주소서.

다윗의 시. 다윗이 아비멜렉을 속이고 떠나갈 때

34

¹ 나, 순간마다 **하나님**을 찬양하리라.
숨이 턱에 차도록 주님을 찬양하리라.

² 내가 늘 **하나님**과 함께 살고 숨 쉬니,
지금 곤경에 처한 너희여, 이 말을 듣고 기뻐하여라.

³ 나와 함께 이 소식을 널리 전하고
주님의 말씀 함께 외치자.

⁴ **하나님**께서 저만치 달려 나와 나를 맞아 주시고
불안과 두려움에서 나를 구해 주셨다.

⁵ 그분을 우러러보아라, 너의 그 밝고 따스한 미소로.
네 감정을 그분께 숨기지 마라.

⁶ 내가 절망에서 부르짖을 때

하나님께서 나를 궁지에서 **빼내** 주셨다.

7 우리가 기도할 때
하나님의 천사가 우리를 둘러 진 치고 보호한다.

8 너희 입을 벌려 맛보고, 너희 눈을 활짝 떠서 보아라.
하나님이 얼마나 좋은 분이신지.
그분께 피하는 너희는 복이 있다.

9 가장 귀한 것을 바라거든 **하나님**을 예배하여라.
예배할 때 그분의 온갖 선하심에 이르는 문이 열린다.

10 굶주린 젊은 사자들은 먹이를 찾아 헤매지만,
하나님을 찾는 이들은 하나님으로 배부르리라.

11 아이들아, 와서 귀 기울여 들어라.
너희에게 **하나님** 예배하는 법을 가르쳐 주리라.

12 인생을 즐겁게 살기를 바라는 자 누구냐?
날마다 좋은 일이 끊이지 않기를 바라느냐?

13 네 혀를 지켜 불경죄를 피하고
네 입으로 거짓말이 새 나가지 않게 하여라.

¹⁴ 죄를 버리고 선한 일을 행하여라.
평화를 꼭 붙들어 떠나지 않게 하여라!

¹⁵ **하나님**께서는 자기 벗들에게 눈을 떼지 않으시고
그분의 귀는 온갖 탄식과 신음을 놓치지 않는다.

¹⁶ **하나님**께서 반역자들을 참지 않으시고
무리 중에서 그들을 도려내시리라.

¹⁷ 도움을 구하며 부르짖는 이 있느냐?
하나님께서 귀 기울여 들으시고 구하시리라.

¹⁸ 너의 마음이 상할 때 **하나님**이 거기 계시고,
네가 낙심할 때 그분이 도우셔서 숨 쉬게 하시리라.

¹⁹ 주님의 백성들이 자주 곤경에 처할지라도
하나님께서는 그들과 늘 함께하신다.

²⁰ 그분은 네 모든 **뼈**를 지켜 주시는 경호원이시니,
손가락 하나 부러지지 않는다.

²¹ 악인은 자신을 서서히 죽이는 자니,
선한 이들을 미워하며 인생을 소모하는 까닭이다.

²² **하나님**께서 노예의 몸값을 치러 자유를 주시니,
그분께 피하는 이는 누구도 손해를 입지 않는다.

다윗의 시

35

¹⁻³ **하나님**, 나를 괴롭히는 자들을 가만두지 마
소서.
저 불한당들의 얼굴을 정통으로 갈겨 주소서.
무기든, 무엇이든 움켜잡으시고
나를 위해 일어나소서!
나를 노리고 달려드는 자들에게
창을 겨누어 던질 채비를 하소서.
"내가 너를 구하겠다" 말씀하시고
나를 안심시켜 주소서.

⁴⁻⁸ 내 등을 찌르려는 저 무뢰배들,
미련한 자로 낙인찍히게 하소서.
나를 무너뜨리려는
모든 자들의 음모를 꺾으소서.
풀무질하는 천사를 붙이셔서,
저들을 강풍에 날리는 재처럼 흩으소서.
미행하는 천사를 붙이셔서,
저들의 길이 칠흑처럼 어둡고 질척거리게 하소서.
저들은 억지를 부려 가며 나를 잡으려 덫을 놓고,

나를 막으려고 까닭 없이 도랑을 팠습니다.
몰래 숨었다가 저들을 치소서.
저들이 놓은 덫에 저들이 걸리게 하시고
저들이 꾸민 참사에 저들이 당하게 하소서.

9-10 그러나 나는 거침없이 다니며,
하나님의 위대하신 일들 마음껏 알리게 하소서.
내 몸의 모든 뼈가 기쁨으로 들썩이며 노래하게 하소서.
"**하나님**, 주님과 같은 분 없습니다.
주께서는 주저앉은 자들을 일으키시고
기댈 데 없는 이들을 불한당에게서 보호해 주십니다!"

11-12 악의를 품은 고소인들이 느닷없이 나타나,
나를 괴롭히려고 달려듭니다.
나는 자비를 베풀었으나 그들이 고통으로 되갚으니,
내 영혼이 텅 빈 듯 허탈합니다.

13-14 저들이 아플 때 내가 검은 옷을 입고,
금식하며 기도했습니다.
납덩이처럼 무거운 마음으로 저들을 위해 기도하면서
가장 친한 벗, 나의 형제를 잃은 듯 안타까워했습니다.
침통한 마음에 어깨를 축 늘어뜨리고,
어머니 없는 아이처럼 넋 놓고 이리저리 서성였습니다.

15-16 그러나 정작 내가 쓰러졌을 때,
저들은 잔치를 벌였습니다!
동네의 이름 없는 어중이떠중이들이 몰려와
나를 모욕했습니다.
성소를 더럽히는 야만인들처럼
내 이름을 더럽혔습니다.

17-18 **하나님**, 언제까지 내버려 두시렵니까?
내 모든 것이 사자 밥으로 던져지고 있으니,
저들의 야만 행위에서 나를 구하소서.
모두가 모여 예배드릴 때
내가 주님의 신실하심을 찬양하겠습니다.
수많은 사람들이 모여들 때
할렐루야를 외치겠습니다.

19-21 저 거짓말쟁이들, 저 원수들이
나를 제물 삼아 잔치를 열지 못하게 하소서.
까닭 없이 나를 미워하는 자들이
서로 눈짓하거나 곁눈질로 바라보지 못하게 하소서.
저 패거리에게는 선한 것이 없고,
남의 일에 간섭 없이 자기 일에 몰두하는 이들을
어떻게 헐뜯을까 궁리하며 시간을 허비합니다.
저들은 입을 벌려 이죽거리며 조롱합니다.

"하하, 무사히 넘어갈 줄 알았지?
넌 우리에게 딱 걸렸어!"

²² **하나님**, 저들의 소행이 보이지 않습니까?
저들이 무사히 빠져나가게 내버려 두지는 않으시겠지요?
아무 조치 없이, 그냥 넘어가실 생각은 아니시겠지요?

²³⁻²⁶ 제발 일어나소서, 깨어나소서! 내 사정을 살펴 주소서.
나의 하나님, 나의 주님, 내 목숨이 걸려 있습니다.
하나님 나의 하나님, 주님 뜻대로 하시되,
저들이 나를 제물 삼아 즐거워하는 일만은 막아 주소서.
"하하, 우리가 바라던 대로 됐어."
"우리가 그를 씹어서 뱉어 버렸지."
저들이 마음속으로 이렇게 말하지 못하게 하소서.
나를 제물 삼아 즐기려는 저들,
오히려 웃음거리가 되게 하소서.
거들먹거리며 힘을 과시하는
저들에게 당나귀 귀를 다시고,
당나귀 꼬리를 붙이소서!

²⁷⁻²⁸ 그러나 내가 잘되기를 바라는 이들,
결국에는 그들이 기뻐 환호하며
이렇게 외치게 하소서. 끊임없이 외치게 하소서!

"**하나님**은 위대하시다. 그분의 종에게는
모든 것이 협력하여 선을 이루리라."
나도 주님의 위대하심과 선하심을 세상에 알리고,
날마다, 종일토록 할렐루야를 외치겠습니다.

다윗의 시

36

1-4 하나님께 반역하는 자, 선동에 귀 기울이며
온통 죄 지을 건수 찾아 귀를 바짝 세운다.
하나님을 두려워하지 않고
그분 앞에서 거드럭거릴 뿐,
스스로에게 발림소리 하며
자신의 악을
아무도 모를 거라 믿는다.
그의 입에서 나오는 말은
더러운 개숫물.
그가 온당한 일을
한 적이 있던가.
잠자리에 들 때마다
또 다른 흉계를 꾸민다.
그가 길거리에서 제멋대로 설치면,
누구도 안심할 수 없다.
그는 불장난을 하면서도
누가 화상을 입든 개의치 않는다.

5-6 하나님의 사랑 드높고,
그분의 성실하심 끝이 없다.
그분의 목적 원대하고,
그분의 평결 드넓다.
광대하시되
작은 것 하나 놓치지 않으시니,
사람도, 생쥐 한 마리조차도
그분께는 소외되는 법 없다.

7-9 오 하나님, 주님의 사랑이 어찌 그리 보배로운지요!
우리가 주님 날개 아래로 피하여
손수 베푸신 잔치음식을 배불리 먹느라 정신이 없건만,
주께서는 우리 잔에 에덴의 광천수를 가득 부어 주십니다.
주님은 폭포수 같은 빛의 원천,
우리 눈을 뜨게 하여 빛을 보게 하시는 분.

10-12 주님의 벗들을 끊임없이 사랑하시고
주님을 기뻐하는 이들 안에서 주님의 일을 행하소서.
불한당들이 나를 괴롭히지 못하게 하시고
소인배들이 나를 비난하지 못하게 하소서.
졸부처럼 거만한 자들이 쓰러져
진흙탕에 완전히 고꾸라지게 하소서.

다윗의 시

37

¹⁻² 출세를 자랑하는 자들에 신경 쓰지 말고
악인의 성공을 부러워하지 마라.
머지않아 저들은 베인 풀처럼 오그라들고
잘린 꽃처럼 시들어 버릴 것이다.

³⁻⁴ **하나님**께 보험을 들고 선한 일을 하며,
마음을 가라앉히고 네 본분을 지켜라.
하나님과 사귐을 지속하여
가장 복된 것을 누려라.

⁵⁻⁶ **하나님**께 모두 털어놓고, 아무것도 숨기지 마라.
꼭 필요한 일이면 그분께서 이루어 주시리라.
네가 올바르게 살아왔음을 대낮에 증언해 주시고,
정오에 확인도장을 찍어 주시리라.

⁷ **하나님** 앞에 고요히 머물고
그분 앞에서 기도하여라.
출세의 사다리를 오르는 자들,
남을 밀치며 정상에 오르는 자들 때문에 괴로워하지 마라.

⁸⁻⁹ 노여움을 제어하고, 분노를 버려라.
진정하여라. 화내 봤자 사태를 악화시킬 뿐.

얼마 못 가 사기꾼들은 파산하고,
하나님께 투자한 이들이 곧 그 가게를 차지하리라.

10-11 악인은 눈 깜짝할 사이에 결딴나리니,
한때 이름 날리던 사업장에는 아무것도 남지 않으리라!
겸손한 이들이 그리로 들어가 넘겨받고,
엄청난 횡재를 만끽하리라.

12-13 나쁜 자들은 착한 이들이 싫어
그들을 해코지하는 데 골몰하지만,
하나님은 조금도 신경 쓰지 않으신다.
그분께 그들은 싱거운 농담거리에 불과하다.

14-15 불량배들이 칼을 휘두르고
허세 부리며 활을 당기는구나.
순진한 이들을 괴롭히고,
개와 산책하는 선량한 사람을 강탈하려 드는구나.
저들, 바나나 껍질에 미끄러져 그대로 거꾸러지니
연극 속의 우스꽝스런 악역 꼴이다.

16-17 때로는 많은 것이 적고, 적은 것이 많은 법.
의인 한 사람이 악인 쉰 명보다 낫다.
악인은 도덕적으로 구제불능이지만,

의인은 **하나님**께서 붙드시기 때문이다.

18-19 **하나님**은 선량한 이들을 기억하시니,
그들이 하는 일을 쉬 잊지 않으신다.
그들은 불경기에도 고개 숙이지 않고
냉장고가 텅 비어도 배부르리라.

20 **하나님**을 얕보는 자들은 결딴나리라.
하나님의 원수들은 끝장나리라.
수확철의 포도원처럼 털리고
연기처럼 아무도 모르게 사라지리라.

21-22 악인은 꾸기만 하고 갚지 않으나,
의인은 베풀고 또 베푼다.
후히 베푸는 이는 마지막에 모든 것을 얻고,
인색한 자는 도중에 다 빼앗긴다.

23-24 신실한 사람은 **하나님**과 보조를 맞추며 걷는다.
하나님께서 그 길을 환히 비추시니, 그는 행복하다.
그는 넘어져도 오래 주저앉지 않으니,
하나님께서 그의 손을 잡아 주시기 때문이다.

25-26 한때 젊었다가 이제 백발이 되었지만,

나는 여태까지 신자가 버림받거나
그 자녀가 길거리를 떠도는 것을 보지 못했다.
그는 날마다 베풀고 꾸어 주며
자손들은 그의 자랑이 된다.

27-28 악을 버리고
선한 일에 힘쓰되, 꾸준히 그리하여라.
하나님은 선한 일을 사랑하시고
자기 벗들을 외면하지 않으신다.

28-29 이와 같이 살아라. 그러면 성공할 것이다.
그러나 악한 자들은 버림을 받으리라.
선한 이들은 좋은 땅에 심기고
튼튼히 뿌리를 내린다.

30-31 개가 **뼈다귀**를 핥고 또 핥듯, 의인은 지혜를 곱씹고
아름다운 덕을 음미한다.
피를 돌리듯, 그의 심장은 하나님 말씀을 온몸에 돌게 하고
그의 발걸음은 고양이처럼 흔들림이 없다.

32-33 악인은 의인을 엿보며
그를 죽이려 하지만,
하나님께서 경계를 늦추지 않고 의인을 지켜보시니,

악인은 의인의 머리카락 한 올 해치지 못하리라.

34 **하나님**을 간절히 기다려라.
그 길을 떠나지 마라.
그분께서 뭇사람이 보는 앞에서 네게 자리를 주시리니,
악인이 자리를 잃는 것을, 너는 보게 되리라.

35-36 나는 악인들이 두꺼비처럼 거만하게 뽐내며
허튼소리 하는 것을 보았다.
그러나 다음 순간, 그들의 모습은 온데간데없었다.
구멍 난 풍선, 바람 빠져 늘어진 거죽만 보일 뿐이다.

37-38 온전한 사람을 잘 들여다보고
올곧은 삶을 눈여겨보아라.
힘써 온전함을 이루는 것에
장래가 있다.
고집쟁이는 조만간 버림을 받고
거만한 자들은 막다른 길에 이르리라.

39-40 드넓고 자유로운 삶은 **하나님**이 주시는 것.
하나님께서 그 삶을 보호하시고 안전히 지키신다.
하나님의 도우심으로 우리가 악에서 해방되었으니,
그분께 피하면, 친히 우리를 구원하신다.

다윗의 시

38

1-2 **하나님, 숨 한번 크게 쉬시고, 마음 가라앉히
소서.**
주님, 회초리를 성급히 들지 마소서.
화살처럼 날카로운 주님의 질책이 내 마음 할퀴고,
주께 얻어맞은 엉덩이가 몹시도 쓰라립니다.

3-4 지난 몇 달 사이 주님의 책망으로
내 얼굴 반쪽이 되었습니다.
내 죄 때문에
뼈는 바싹 마른 잔가지처럼 부스러지기 직전이고,
내 악행이 나를 뒤덮어
무거운 죄책감이 쌀포대처럼 어깨를 짓누릅니다.

5-8 내가 잘못 살았으므로
몸의 상처에서 악취가 나고 구더기까지 우글거립니다.
나, 꼴사납게 엎드려져
아침부터 밤까지 나로 인해 슬퍼합니다.
내 속에 있는 모든 장기가 불타는 듯하고
몸은 만신창이가 되었습니다.
기진하여 결딴난 신세,
내 삶은 신음만 토해 냅니다.

9-16 주님, 내 간절한 바람은 속이 훤히 보이고,
나의 신음은 주께서 다 아는 흔한 이야기입니다.
나는 완전히 지쳐서
금방이라도 심장이 멎을 것만 같습니다.
백내장으로 하나님과 선한 이들을 알아보지 못하니,
오랜 벗들이 나를 전염병 대하듯 피합니다.
내 친척들은 나를 찾지 않고
이웃들은 뒤에서 나를 헐뜯습니다.
경쟁자들이 내게 누명을 씌우고
나의 파멸을 간절히 바랍니다.
그러나 나는 귀머거리, 벙어리 신세,
귀도 닫히고 입마저 닫혔습니다.
그들의 말 한 마디 듣지 못하고
대꾸도 못합니다.
하나님, 내가 하는 일이라고는 그저 주님을 기다리는 것,
나의 주, 나의 하나님을 기다리는 것뿐이니, 응답해 주소서!
간절히 기도합니다. 저들이 나를 비웃지 못하게 하소서.
내가 비틀거릴 때 저들이 으스대며 활보하지 못하게 하소서.

17-20 내가 미칠 지경이 되고,
타는 듯한 고통이 내 속에서 나를 짓누릅니다.
내 잘못을 털어놓을 각오가 되어 있으니,
죄짓고도 의기양양해하는 일은 더 이상 없을 것입니다.

원수들은 기세등등하게 팔을 걷어붙였고,
폭력배들은 내 목을 노립니다.
내가 선을 베풀어도, 하나님을 싫어하는 자들은 악으로 되
갚습니다.
저들은 하나님을 사랑하는 사람을 보면 참지 못합니다.

21-22 **하나님**, 나를 버리지 마소서.
하나님, 나를 하염없이 기다리게 하지 마소서.
내 인생에 넓고 탁 트인 공간이 필요하니,
어서 나를 도우소서.

다윗의 시

39 1-3 나, 굳게 다짐했다. 발걸음 조심하고 혀를 조심하여,

곤경에 처하는 일이 없게 하리라.
악인과 한 방에 있을 때는
입을 다물리라.
"아무 말 하지 말자" 다짐하며 잠자코 있었다.
그러나 침묵이 길어질수록
심사가 뒤틀리고,
속에서 화가 치밀었다.
생각하면 할수록 울화가 치밀어 올라
기어이 털어놓고야 말았다.

4-6 **"하나님**, 무슨 일인지 알려 주소서.
나의 살 날이 얼마나 남았는지 알려 주소서.
죽을 날이 언제인지 알려 주소서!
주께서 내 수명을 짧게 하셨으니,
내 목숨 줄, 건질 것 없을 만큼 짧습니다.
아! 우리는 한낱 입김.
아! 우리는 모닥불 속 그림자.
아! 우리는 허공으로 내뱉는 침.
기껏 모아 놓고는 그대로 두고 갈 뿐입니다.

7-11 주님, 이제 내가 사는 날 동안 할 일이 무엇이겠습니까?
내가 할 일은 그저 희망을 품는 것뿐입니다.
내게 씌워진 반역자의 굴레를 주께서 벗기시고
바보들의 경멸에서 나를 건져 주소서.
주님, 이 모든 일의 배후에 주님이 계시니
나는 더 이상 말하지 않고 입을 다물겠습니다.
그러나 얼마나 오래 버틸 수 있을지 모르겠습니다.
주께서 우리 죄를 씻기시려고
우리를 볼 가운데 세우실 때,
우리가 애지중지하던 우상들이 연기처럼 사라집니다.
우리 역시 한낱 연기가 아니고 무엇이겠습니까?

12-13 아, **하나님**, 내 기도를 들으소서.

내 울부짖음에 귀를 열어 주소서.
흐르는 내 눈물 보시고
싸늘히 대하지 마소서.
나는 한낱 나그네일 뿐, 내 길을 알지 못합니다.
온 가족과 함께 그저 떠돌 뿐입니다.
너무 늦기 전에, 내가 이 세상 떠나기 전에
숨 돌릴 틈 주시고, 내 사정을 살펴 주소서."

다윗의 시

40

¹⁻³ 나, **하나님**을 기다리고 또 기다렸더니,
마침내 굽어보시고, 내 부르짖음 들어주셨다.
나를 시궁창에서 들어 올리시고
진흙탕에서 끌어내셨다.
단단한 반석 위에 나를 세우시고
미끄러지지 않게 하셨다.
주께서 새로운 노래,
우리 하나님께 드릴 찬양을 가르쳐 주셨다.
이를 보고 점점 더 많은 사람들이
그 신비 속으로 들어가,
하나님께 자신을 맡긴다.

⁴⁻⁵ **하나님**께 자기를 내어 드리는 그대,
세상 사람들의 "확실한 것"을 등지고

세상 사람들이 숭배하는 것을 무시하는 그대는 복이 있다.
세상은 **하나님**의 기적과
하나님의 생각으로 가득 쌓인 곳.
그 무엇도, 그 누구도
주께 견줄 수 없습니다!
주님에 대해 내가 아는 것을 말하려 해도
금세 말문이 막히고 마니,
지극히 크신 주님을
숫자나 말로는 다 담아낼 수 없습니다.

6 주님을 위해 일하고 주께 그 무엇을 드리려 해도
주께서는 그런 것 바라지 않으십니다.
종교적인 모습, 경건한 모양새,
주께서는 그런 것도 요구하지 않으십니다.
다만, 내가 들을 수 있도록
내 귀를 열어 주셨습니다.

7-8 그래서 내가 대답했습니다. "내가 왔습니다.
주께서 나에 대해 쓰신 기록을 읽고서,
나를 위해 베푸신
잔치에 왔습니다."
그때, 하나님의 말씀이 내 인생에 들어와
내 존재의 일부가 되었습니다.

9-10 **하나님**, 나는 온 회중에게 주님을 선포하고
아무것도 숨기지 않았습니다. 주께서도 아시는 일입니다.
주님의 길을 비밀로 하지 않았고
나 혼자 간직하지도 않았습니다.
주께서 얼마나 믿을 만한 분이신지,
얼마나 철두철미한 분이신지 다 말했습니다.
주님의 사랑과 진리를 나 혼자만 알고 있지 않았습니다.
모든 내용을 다 말하여
온 회중이 알게 했습니다.

11-12 그러니 **하나님**, 내게 숨기지 마시고
주님의 뜨거운 마음을 감추지 마소서.
나를 온전케 하는 것은
주님의 사랑과 진리뿐입니다.
시련이 한꺼번에 덮치고
무수한 죄악이 몰려와 나를 습격하니,
내가 죄책에 사로잡혀
내 길을 제대로 볼 수 없습니다.
내 마음속 죄악이 내 머리카락보다 많고
그 죄가 어찌나 무거운지, 내 마음이 지치고 말았습니다.

13-15 **하나님**, 너그럽게 보시고 몸소 나서 주소서.
어서 나를 도우소서.

그러면 내 영혼을 낚아채려는 자들이
당황하여, 고개를 떨구게 될 것입니다.
재미 삼아 나를 괴롭히는 자들이
조롱과 창피를 당하고,
내가 망하기를 바라는 자들이
가차 없이 야유와 조소를 받을 것입니다.

16-17 그러나 주님을 찾아 헤매는 이들,
오, 그들은 노래하며 기뻐하게 하소서.
주님의 진면목을 아는 이들이
주님의 위대하심을 쉬지 않고 세상에 알리게 하소서.
나는 엉망진창입니다. 보잘것없고 가진 것도 없습니다.
나를 의미 있는 존재로 만들어 주소서.
주께서는 그리하실 수 있고, 그만한 능력도 가지고 계십니다.
하나님, 지체하지 마소서.

다윗의 시

41 1-3 불행한 이들의 존엄을 지켜 주어라.
기분이 좋아지리라. 그것이 바로 **하나님**의 일.
하나님께서 우리 모두를 보살피시고
튼튼하고 생기 있게 하신다.
원수 걱정 안 해도 되니,
이 땅에 사는 것이 복되다.

병들어 자리에 누워 있을 때에도
하나님이 우리의 간호사 되셔서,
건강을 회복하도록 돌보신다.

4-7 내가 아뢰었습니다. "**하나님**, 은혜를 베푸소서!
나를 다시 온전케 하소서.
내 죄가 나를 갈기갈기 찢었습니다."
원수들은 내가 고꾸라지기를 바라며,
내 죽을 날을 놓고 내기를 합니다.
누군가 나를 만나러 오면
내용 없는 뻔한 말만 늘어놓습니다.
나에 관한 험담거리를 모아서
길모퉁이 군중을 즐겁게 하는 저들입니다.
나를 미워하는 이 "친구들"이
동네방네 다니며 나를 비방하고,
위원회를 꾸려 나를 괴롭힐 계획을 꾸밉니다.

8-9 마침내 소문이 나돕니다. "저 자 좀 봐. 몹쓸 병에 걸려
다 죽어 간다지?
의사들도 포기했다지 뭐야."
허물없이 지내던 가장 가까운 벗마저,
집에서 늘 함께 식탁을 나누던 벗마저,
내 손을 물어뜯었습니다.

¹⁰ **하나님**, 은혜를 베푸소서. 나를 일으켜
저들에게 본때를 보이게 하소서.

¹¹⁻¹² 원수 진영에서 승리의 함성 아직 들리지 않으니,
분명 주께서는 내 편이십니다!
주님은 나를 속속들이 아시고 나를 붙드시는 분.
나를 주님 앞에 우뚝 세우셔서
주님의 얼굴을 바라보게 하십니다.

¹³ **하나님**, 이스라엘의 하나님은 찬양받으실 분.
언제까지나 영원히.
그렇습니다. 정말 그렇습니다.

고라 자손의 시

42

¹⁻³ 흰 꼬리 사슴이
시냇물을 마시듯,
나, 하나님을
깊이 들이켜고 싶습니다.
내가 살아 계신 하나님을 목말라합니다.
"언제나 그런 날이 올까?
하나님 앞에 나아가 마음껏 그분을 누리게 될 그날!"
아침에도 눈물, 저녁에도 눈물,
눈물이 나의 음식이 되었습니다.

종일토록
사람들이 내 집 문을 두드리며
"네 하나님이 어디 계시냐?" 하고 비방합니다.

4 나, 인생의 호주머니를 비워 가며
거듭 되새겨 봅니다.
내가 늘 예배하러 가는 무리
맨 앞에 서 있던 일.
어서 가서 예배드리고 싶어
그들 모두를 이끌던 일.
목청껏 찬양하고 감사의 노래를 부르던 일.
너나없이 모두가 하나 되어 하나님의 축제에 참여하던 일!

5 내 영혼아, 네가 어찌하여 낙심하느냐?
어찌하여 슬퍼하느냐?
너는 하나님을 바라보아라.
나, 이제 다시 찬송하게 되리라.
나를 웃음 짓게 하시는 분,
그분은 나의 하나님.

6-8 내 영혼이 낙심될 때,
나는 요단 강 밑바닥에서 헤르몬 산지와 미살 산에 이르기까지
주님에 대해 아는 것을 하나하나 되짚어 봅니다.

포말을 일으키는 급류를 따라
혼돈이 혼돈을 부르며 이어지고,
부서지는 파도, 주님의 거센 파도가 우레처럼 밀려와
나를 휩쓸고 지나갑니다.
그제야 **하나님께서**
"너를 종일토록 사랑하리라,
밤새도록 노래 불러 주리라" 약속해 주십니다!
나의 삶은 하나님께 드리는 기도입니다.

9-10 나, 이따금씩 하나님께, 바위처럼 든든한 하나님께 여쭤
봅니다.
"어찌하여 나를 못 본 체하십니까?
이 몸, 원수들에게 시달리고
눈물 마를 날 없으니, 어찌 된 일입니까?"
살기등등한 저들,
나를 괴롭히는 저들이 날마다 역겨운 말투로,
"네 하나님이 어디 있느냐?" 하고 빈정댑니다.

11 내 영혼아, 네가 어찌하여 낙심하느냐?
어찌하여 슬퍼하느냐?
너는 하나님을 바라보아라.
나, 이제 다시 찬송하게 되리라.
나를 웃음 짓게 하시는 분,

그분은 나의 하나님.

43

¹⁻² 하나님, 내 무고함을 밝혀 주소서.
무정하고 부도덕한 자들에 맞서 나를 변호해 주
소서.
이곳에서, 이 타락한 거짓말쟁이의 손에서
나를 건져 내소서.
하나님, 내가 주님을 의지했건만
어찌하여 나를 떠나셨습니까?
어찌하여 저 포악한 자들 때문에 이 몸
두 손 쥐어짠 채, 방 안을 서성거려야 합니까?

³⁻⁴ 주님의 손전등과 나침반을 내게 주소서.
지도책도 주소서.
내가 거룩한 산,
주님 계신 그곳 이르는 길 찾을 수 있게 하소서.
예배당에 들어가,
나의 기쁨이신 하나님을 뵙게 하소서.
위대하신 하나님, 나의 하나님,
내가 하프를 뜯으며 감사의 노래를 부르게 하소서.

⁵ 내 영혼아, 네가 어찌하여 낙심하느냐?

어찌하여 슬퍼하느냐?
너는 하나님을 바라보아라.
나, 이제 다시 찬송하게 되리라.
나를 웃음 짓게 하시는 분,
그분은 나의 하나님.

고라 자손의 시

44
1-3 하나님, 우리가
평생토록 들었습니다.
우리 조상들이 조상들에게서 들은 이야기를
우리에게도 들려주었습니다.
주께서 사악한 자들을
밭에서 손수 뽑으시고 그 자리에 우리를 심으신 이야기.
주께서 그들을 쫓아내시고
우리에게 새 출발을 허락하신 이야기.
이 땅은 우리가 싸워서 얻었거나
노력해서 얻은 것이 아니라, 주님의 선물입니다!
주께서 주셨습니다. 환한 얼굴로
즐거워하시며 주셨습니다.

4-8 오 하나님, 주님은 나의 왕이시니
야곱의 승리를 명하소서!
주님의 도우심으로 우리가 적들을 쓸어버리고

주님의 이름으로 저들을 산산이 짓밟아 버리겠습니다.
내가 의지하는 것은 무기가 아닙니다.
내 칼이 나를 구원하는 것도 아닙니다.
적의 손에서 우리를 구하시고,
우리를 미워하는 자들이 망신당하게 하신 분은 주님이십니다.
우리가 종일토록 활보하며 하나님을 찬양하고,
끊임없이 주님의 이름을 불러 감사를 드립니다.

9-12 그러나 지금, 주께서는 우리를 버리고 떠나셨습니다.
우리가 치욕을 당하게 하시고, 우리를 위해 싸우지도 않으
셨습니다.
우리가 꽁무니를 빼고 달아나게 하시니,
우리를 미워하는 자들이 우리를 쓸어 냈습니다.
주께서 우리를 양처럼 도살업자에게 넘겨주시고
사방으로 흩으셨습니다.
주님의 백성을 이익도 남기지 않고
헐값에 팔아넘기셨습니다.

13-16 주께서는 거리의 사람들,
부랑자들이 우리를 놀리고 욕하게 하셨습니다.
사악한 자들에게 웃음거리가 되게 하시고,
어중이떠중이에게 값싼 놀림감이 되게 하셨습니다.
나는 날마다 곤경에 처하고,

수치스럽게 놀림을 당합니다.
비방과 비웃음이 사방에서 들려오고,
나를 괴롭히러 나온 자들이 거리에 가득합니다.

17-19 이 모든 일이 우리를 덮쳤습니다.
그러나 우리는 이런 대접 받을 짓을 하지 않았습니다.
우리는 주님과의 언약을 저버리지 않았고
우리 마음이 거짓되지 않았으며,
우리 발이 주님의 길에서 벗어난 적도 없습니다.
정녕 우리가 악인들의 소굴에서 고문당하고
캄캄한 어둠 속에 갇혀야겠습니까?

20-22 우리가 하나님께 기도하기를 잊었거나
돈을 주고 산 신들과 어리석게 놀아나기라도 했다면,
하나님께서 모르실 리 있겠습니까?
하나님께는 아무것도 숨길 수 없습니다.
그런데도 주님은 우리를 순교자로 만들고,
날마다 제물로 바쳐지는 양이 되게 할 작정이십니다.

23-26 일어나소서, **하나님**! 온종일 주무실 작정이십니까?
깨어나소서! 우리에게 닥친 일을 모른 체하시렵니까?
어찌하여 베개에 얼굴을 묻고 계십니까?
어찌하여 우리를 아무 문제 없는 것처럼 여기십니까?

지금 우리는 땅바닥에 고꾸라진 채
적에게 목이 밟혀 꼼짝도 못합니다.
일어나셔서 우리를 구하러 오소서.
우리를 정말 사랑하신다면, 우리를 도와주소서!

고라 자손의 결혼 축가

45

¹ 내 마음의 강둑 터뜨려
아름다움과 선함을 흘려보냅니다.
그 강물 글로 바꾸고,
시로 담아내어 왕께 바칩니다.

❦

²⁻⁴ "왕께서는 세상 그 누구보다 멋지신 분,
입술에서 나오는 말은 은혜 그 자체입니다.
하나님께서 왕에게 복을 내리셨습니다. 아주 큰 복을.
용사시여, 허리에 칼을 꽂으소서.
찬양받으소서! 합당한 영예를 받으소서!
위엄 있게 전차에 오르소서! 의기양양하게 달리소서!
진리를 옆에 태우고 달리소서!
정의롭고 온순한 이들을 위해 달리소서!

⁴⁻⁵ 왕의 가르침은 어둠 속의 환한 빛.
왕의 날카로운 화살

원수의 심장 꿰뚫으니,
왕의 적들이 먼지 속에 맥없이 널브러집니다.

6-7 왕의 보좌는 영원무궁한
하나님의 보좌.
왕권의 홀은
올바른 삶의 척도.
왕께서 올바른 것을 사랑하시고
그릇된 것을 미워하시니,
하나님, 왕의 하나님께서
향기로운 기름을 왕의 머리에 부어 주셨습니다.
벗들을 제치고
당신을 왕으로 세워 주셨습니다.

8-9 왕의 의복은 맑은 공기 흠뻑 머금어
산바람의 향기 발하고,
편전에서 흘러나오는 실내악은
왕의 어깨를 들썩이게 만듭니다.
제왕의 딸들 왕의 궁전에서 시중들고
왕의 신부 황금빛 보석으로 단장하여 빛이 납니다.

❧

10-12 왕후시여, 잘 들으소서. 한 마디도 놓치지 마소서.

이제 조국은 잊으시고, 고향에 연연하지 마소서.
이곳에 계십시오. 왕께서 왕후님을 간절히 원하십니다.
왕께서 그대의 주인이시니, 그분을 받드소서.
결혼 선물이 두로에서 밀려들고,
부유한 내빈들이 선물을 두 손 가득 들고 그대에게 옵니다."

13-15 (금실로 수놓아 눈부신
왕후의 웨딩드레스.
금실로 짠
왕후의 예복과 정장.
왕후가 왕 앞에 나아가고 들러리 처녀들이 그 뒤를 따른다.
기쁨과 웃음의 행렬!
성대한 입궁식이 거행된다!)

16-17 "왕이시여, 이제는 아드님들을 생각하소서.
부친과 조부에 연연하지 마소서.
왕께서는 아드님들을
온 땅의 제후로 삼게 될 것입니다.
나는 왕의 이름이 세세토록 전해지게 하겠습니다.
뭇 백성이 오래도록
왕을 이야기할 것입니다."

고라 자손의 노래

46

¹⁻³ 하나님은 안전한 피난처,
우리가 어려울 때 즉시 도우시는 분.
죽음의 절벽 끝에서도 두려움 없고
폭풍과 지진 속에서도 용기 잃지 않으며,
포효하며 달려드는 대양 앞에서도
산이 흔들리는 진동 속에서도, 굳건히 맞선다.

 야곱과 씨름하신 하나님이 우리를 위해 싸우시고
 만군의 **하나님**께서 우리를 보호하신다.

⁴⁻⁶ 강의 원천들이 기쁨의 물보라 일으키며, 하나님의 도성,
지극히 높으신 분의 성소를 시원케 한다.
하나님께서 이곳에 거하시니, 거리가 안전하다.
하나님께서 동틀 녘부터 우리를 도우시니,
사악한 민족들이 날뛰며 아우성치고, 왕들과 나라들이 으르
대지만,
땅은 무엇이든 그분 말씀에 순종한다.

 ⁷ 야곱과 씨름하신 하나님이 우리를 위해 싸우시고
 만군의 **하나님**께서 우리를 보호하신다.

⁸⁻¹⁰ 모두 주목하여라! 보아라, **하나님**의 놀라우신 능력을!

그분께서 온 땅에 꽃과 나무를 심으시고,
세상 이 끝에서 저 끝까지 전쟁을 금하시며,
모든 무기를 무릎에 대고 꺾으신다.
"복잡한 일상에서 한 발 물러나라!
지극히 높은 너희 하나님을 사랑의 눈길로 바라보아라.
나는 정치보다 중요하고
세상 모든 것보다 귀하다."

¹¹ 야곱과 씨름하신 하나님이 우리를 위해 싸우시고
만군의 **하나님**께서 우리를 보호하신다.

고라 자손의 시

47 ¹⁻⁹ 모두 박수 치며 환호성을 올려라!
하나님을 목청껏 찬양하여라!
지극히 높으신 **하나님**, 땅과 바다 아우르시는
놀랍기 그지없으신 분.
적들을 진압하고
민족들을 우리 발아래 굴복시키신다.
우리를 대열 맨 앞에 세우시니,
우리는 상 받는 야곱, 그분의 사랑을 받는 자들.
하나님이 산에 오르실 때 환호소리 들리고
산꼭대기에서 숫양의 뿔나팔 소리 울려 퍼진다.
하나님께 노래하여라. 크게 노래하여라!

우리 왕이신 분께 노래하여라. 찬양을 불러라!
그분은 온 땅의 주인,
하나님께 최고의 노래를 불러 드려라.
그분은 뭇 민족의 주인,
산들의 왕이시며 군주이신 분.
온 세상에서 모이는 제후들,
모두가 아브라함의 하나님의 백성들.
땅의 권력자들도 하나님의 것,
주님은 만유 위에 우뚝 솟으신 분.

고라 자손의 시

48

1-3 하나님은 위대하신 분.
그분의 도성에 찬양이 가득하다!
그분의 거룩한 산,
숨 막히도록 놀라우니, 대지의 기쁨이어라.
시온 산, 북녘에 우뚝 솟아오르니,
온 세상 왕이신 분의 도성이어라.
하나님께서 그 성채 안에 계시니
넘볼 자 없도다.

4-6 왕들이 도모하여
무리 지어 몰려왔으나,
보자마자 머리 가로젓고

뿔뿔이 도망쳤다.
해산하는 여인처럼
고통으로 몸을 바싹 구부렸구나.

7-8 주께서 거센 동풍으로
다시스의 배들을 박살내셨습니다.
우리가 그 소식 들었고, 이제 두 눈으로
똑똑히 보았습니다.
만군의 **하나님**이 계신 도성,
그 도성, 우리 하나님이
기초를 든든히 세우시고,
영원토록 흔들리지 않게 하셨다.

9-10 하나님, 우리가 주님의 성전에서
주님의 행동하는 사랑을 깊이 새기며 기다렸습니다.
하나님, 원근각처
주님의 이름이 불리는 곳마다
할렐루야가 연달아 터져 나옵니다.
주님 두 팔에 행동하는 선하심이 가득합니다.

11 시온 산아, 기뻐하여라.
유다의 딸들아, 기뻐 춤춰라!
그분께서 친히 말씀하신 대로 이루신다!

12-14 시온을 돌며 그 크기를 재어 보고
그 망대들을 세어 보아라.
그 성벽 오래도록 눈여겨보며
그 성채 끝에 올라 보아라.
그러면 다음 세대에게 하나님의 이야기
낱낱이 들려줄 수 있으리라.
마지막 때까지 영원토록 이끄시는
우리 하나님의 이야기를.

고라 자손의 시

49

1-2 새겨들어라. 다들 귀 기울여라.
땅에 사는 자들아, 이것을 놓치지 마라.
가진 자도
못 가진 자도
다 함께 들어라.

3-4 지혜를 너희 앞에 있는 그대로 펼치니
내 안에서 무르익은 삶의 깨달음이다.
내가 현자들의 말씀을 귀 기울여 들었으니
하프를 뜯으며 인생의 수수께끼를 풀어 주리라.

5-6 적의가 나를 에워싸고
불한당들이 나를 괴롭히며,

거만한 부자들이 나를 푸대접하는
어려운 상황이라 해도, 내가 어찌 두려워하랴?

7-9 참으로 인생은 스스로를 구할 수 없고,
혼자 힘으로는 곤경에서 벗어날 수 없다.
우리의 능력으로는 구원의 삯을 감당할 수 없고,
감당한다 해도 영원한 생명을 보장할 수 없다.
우리 힘으로는
블랙홀 속에 떨어질 운명에 대비할 수 없다.

10-11 누구나 볼 수 있으리라. 제아무리 똑똑하고 유능한 사
람이라도
죽은 후에는 어리석고 멍청한 사람들과 똑같은 신세인 것을.
자기 이름을 따서 동네 이름을 지은 자들이라도,
결국에는 모든 재주를 뒤로 하고
그들의 새집, 관 속에 들어갈 뿐이다.
오직 그들의 영원한 주소는 공동묘지다.

12 우리는 불멸의 존재가 아니며, 오래 살지도 못한다.
개처럼 나이 들고 약해지면 죽을 뿐.

13-15 이것은 순간을 위해 사는 자들,
제 몸만 돌보는 자들에게 닥칠 운명이다.

죽음이 저들을 양 떼처럼 몰아 저승으로 보내 버리니,
그들은 무덤의 목구멍에 떨어져 사라지리라.
쇠약해지다 끝내 아무것도 남기지 못하고
묘지의 묘비로 남을 뿐이다.
그러나 나는, 하나님께서 죽음의 마수에서 구해 내시고
아래로 팔을 뻗어 잡아채신다.

16-19 그러니 누가 부자가 되어
명성과 부를 쌓아 올려도 감동하지 마라.
저들은 명성과 부를 고스란히 남겨 둘 뿐 가져가지 못한다.
마침내 정상에 이르렀다고 생각하는 순간,
사람들이 저들의 성공에 찬사를 보낼 바로 그 순간에,
저들은 가족 묘지에 들어가
다시는 햇빛을 보지 못하리라.

20 우리는 불멸의 존재가 아니며, 오래 살지도 못한다.
   개처럼 나이 들고 약해지면 죽을 뿐.

아삽의 시

50

1-3 신들의 신 **하나님**께서 큰소리로 "땅아!" 외치며
동쪽 해를 맞이하시고,
사라지는 서쪽 해를 배웅하신다.
눈부신 시온에서

광염에 휩싸여 나타나신다.
우리 하나님께서 등장하신다.
주저하지 않고 거침없이 오신다.
번쩍이는 불꽃을 앞세우고 오신다.

4-5 그분께서 하늘과 땅을 배심원으로 부르시고
자기 백성을 법정으로 데려오신다.
"성경에 손을 얹고 나에게 충성을 맹세한
나의 성도들을 불러 모아라."

6 온 우주가 이 법정의 공평함을 증언한다.
하나님께서 이곳의 재판장이심을.

7-15 "내 백성아, 들리느냐? 내가 말한다.
이스라엘아, 내가 너를 재판에 부친다.
하나님, 너희 하나님이
너희에게 말한다.
너희가 드리는 예배,
너희가 자주 바치는 번제를 나무라려는 게 아니다.
내 어찌 너희의 최우등 황소를 바라겠으며
너희 가축 가운데 더 많은 염소를 바라겠느냐?
숲 속의 피조물이 다 내 것이며,
모든 산의 들짐승도 다 내 것이다.

나는 멧새들의 이름을 모두 알고
날쌔게 움직이는 들쥐들도 내 친구다.
내가 배고프다 한들 너희에게 말하겠느냐?
온 우주와 거기 가득한 것이 다 내 것이다.
내가 사슴고기를 즐기고
염소의 피를 마실 것 같으냐?
나를 위해 찬양 잔치를 벌이고
지극히 높은 나 하나님에게 너희 서원 잔칫상을 내오너라.
그리고 곤경에 처했을 때 도움을 구하여라.
내가 너희를 도와줄 것이고 너희는 나를 공경하리라."

16-21 그러고는 악인들을 불러내어 말씀하신다.

"너희가 무슨 짓을 꾸미고 있느냐? 어찌하여 내 율법을 인
용하며
우리가 좋은 친구라도 되는 것처럼 말하느냐?
내가 찾아가면 너희는 문도 열어 주지 않고
내 말을 쓰레기 취급한다.
너희는 도둑을 보면 동료로 삼고
간음하는 자들을 만나면 친구 중의 친구로 여긴다.
너희 입은 오물을 흘려보내고
거짓말을 진지한 예술인 듯 지어낸다.
친형제의 뒤통수를 치고

어린 여동생을 갈취한다.
너희의 이 같은 짓거리를 말없이 참아 주었더니
내가 너희와 한통속인 줄로 여기는구나.
내가 이제 너희를 꾸짖으며,
너희 악행을 훤히 보이는 곳에 드러내리라.

22-23 나를 농락하던 시간은
이제 끝났다.
내 판결이 코앞인데
너희를 도울 자 아무도 보이지 않는구나!
찬양하는 삶이 나를 영화롭게 한다.
너희가 그 길에 발을 들여놓으면,
내가 즉시 나의 구원을 보여주리라."

다윗의 시. 다윗이 밧세바와 정을 통하고 예언자 나단에게 잘못을 지적당한 뒤

51
1-3 사랑이 많으신 하나님, 은혜를 베푸소서!
자비가 크신 하나님, 나의 전과를 지워 주소서.
북북 문질러 내 죄 씻어 주시고
주님의 세탁기로 내 죄악을 말끔히 제거해 주소서.
내 죄악이 나를 노려보고 있으니,
내가 얼마나 악한지 잘 압니다.

4-6 내가 주님을 모독했으며, 주께서는 내 지은 모든 죄를

속속들이 보셨습니다.
주께서 모든 사실을 훤히 알고 계시니,
나를 두고 어떤 결정을 내리시든 정당합니다.
내가 오랫동안 주님의 길에서 벗어났고
어머니 뱃속에서부터 죄 가운데 있었습니다.
주께서 구하시는 것은 마음속의 진실입니다.
내 안에 들어오셔서, 새롭고 참된 삶을 잉태해 주소서.

7-15 주님의 세탁기에 나를 담그소서. 이 몸이 깨끗해져 나오
리다.
나를 비벼 빠소서. 내가 눈같이 희게 살아가리다.
흥겨운 노래에 맞추어 발을 구르게 하시고
부러졌던 뼈들이 다시 춤추게 하소서.
너무 꼼꼼히 흠을 찾지 마시고
내게 깨끗하다는 진단을 내려 주소서.
하나님, 내 안에서 새롭게 시작하시고
혼돈스러운 내 삶, 다시 창조하여 주소서.
나를 쓰레기와 함께 버리지 마시고
거룩함을 불어넣어 주소서.
이 쓸쓸한 유배생활 거두어 주시고
내 항해 길에 상쾌한 바람을 보내 주소서!
반역자들에게 주님의 길 가르치는 일을 내게 맡기셔서
길 잃은 자들이 집으로 돌아갈 수 있게 하소서.

하나님, 내 구원의 하나님, 내게 내리신 사형을 감형해 주소서.
그러면 생명 주시는 주님의 길을 찬양하겠습니다.
사랑하는 하나님, 내 입술을 열어 주소서.
내가 주님을 마음껏 찬양하겠습니다.

16-17 주께서는 시늉만 하는 것을 기뻐하지 않으시고
완벽한 연기라도 달가워하지 않으십니다.
내 자만심이 산산이 부서진 순간,
내가 하나님 경배하기를 배웠습니다.
깨어진 마음으로 사랑할 각오가 된 사람은
잠시라도 하나님 관심 밖으로 밀려나지 않습니다.

18-19 시온이 주님의 기쁨 되게 하시고
무너진 예루살렘 성벽을 보수하여 주소서.
그때에 주께서 우리의 참 경배와
크고 작은 예배를 받으시리니,
사람들이 수송아지를 잡아
주님의 제단 위에 바칠 것입니다.

**다윗의 시. 에돔 사람 도엑이 사울에게 다윗이 아히멜렉의 집에 있다고
알렸을 때**

52

1-4 하나님의 인자하심이 결국 승리하건만,
거물아, 네가 어찌 악을 자랑하느냐?

너는 재앙을 꾸미는구나.
면도칼처럼 날카로운 혀를 가진 너,
거짓말의 달인이로다.
너는 선보다 악을 좋아하고
검은 것을 희다고 말한다.
험담을 즐기는 너,
입정 사나운 자로구나.

5 하나님께서 네 팔다리를 찢으시고
조각 하나 남지 않게 말끔히 쓸어 내시리라.
생명의 땅에서 너를
뿌리째 뽑아 버리시리라.

6-7 선한 이들이 이를 눈여겨보고
하나님을 경배하리라. 안도하며 그를 비웃으리라.
"거물이 잘못 짚어
큰돈만 믿다,
파멸을 자초했구나."

8 그러나 나는 하나님의 집에서 자라는
푸르른 올리브나무.
그때나 지금이나
하나님의 한없는 자비를 의지할 뿐.

⁹ 내가 늘 주께 감사드리니
주께서 행동으로 보여주신 까닭입니다.
주님의 선하신 이름은 나의 희망,
내가 주님의 신실한 벗들과 함께
주님 곁에 머물겠습니다.

다윗의 시

53 ¹⁻² 비루하고 거만한 인간들,
"하나님은 없다"고 허튼소리 하는구나.
저들의 말은 독가스,
자신을 오염시키고
강과 하늘을 더럽힌다.
그저 엉겅퀴나 키워 낼 뿐.
하나님께서 하늘에서 고개를 내미시고
아래를 둘러보신다.
혹 우둔하지 않은 자가 있나 찾아보신다.
누구 하나 하나님을 바라는 사람,
하나님을 위해 준비된 사람이 있나 하고.

³ 그러나 허탕만 치실 뿐,
단 한 사람도 찾지 못하신다.
다들 쓸모없는 자, 어중이떠중이들뿐.
돌아가며 양의 탈을 쓰고 목자 행세나 하니

열이면 열, 백이면 백
모두 제멋대로 가는구나.

4 저 사기꾼들,
정말 머리가 빈 것이냐?
패스트푸드 먹어 치우듯 내 백성을 집어삼키고도
너무 바빠서 기도하지 못한다니,
그러고도 무사하리라
생각한단 말이냐?

5 밤이 오고 있다. 악몽이 그들에게 닥치리라.
절대로 깨어나지 못할 악몽이.
하나님께서 저들을 요절내어
영원히 쫓아내시리라.

6 이스라엘을 구원할 이 누구인가?
하나님은 우리 삶을 반전시키는 분.
신세가 역전된 야곱이 기뻐 뛰놀고,
신세가 역전된 이스라엘이 웃으며 노래하는구나.

다윗의 시. 십 사람이 사울에게 다윗이 자기들 있는 곳에 숨어 있다고
알렸을 때

54

1-2 하나님, 주님의 이름을 위하여 나를 도우소서!
주님의 힘으로 나의 결백을 밝혀 주소서.

하나님, 귀를 기울이소서. 너무 절박합니다.
아무리 바쁘셔도 나를 외면하지 마소서.

3 무법자들이 내게 무작정 시비를 걸고
청부 살인자들이 나를 죽이려 합니다.
무엇도 저들을 제지하지 못하니,
저들은 하나님마저 대수롭게 여기지 않습니다.

4-5 오, 보아라! 하나님께서 지금 여기서 나를 도우신다!
하나님께서 내 편이 되어 주시니,
불행이 원수들에게 되돌아갑니다.
눈감아 주지 마소서! 저들을 깨끗이 없애 버리소서!

6-7 마음을 다해, 내가 주님을 경배합니다.
주께 감사드리니, 주님은 참으로 선하신 하나님이십니다.
주님은 온갖 곤경에서 나를 건지시고
원수들이 무너지는 것을 보게 하셨습니다.

다윗의 시

55
¹⁻³ 하나님, 귀를 열어 내 기도를 들어주소서.
내가 문 두드리는 소리, 못 들은 체 마소서.
가까이 오셔서 속삭이듯 응답해 주소서.
주님이 몹시도 필요합니다.
저들이 죄에 죄를 쌓고
원색적인 비방을 늘어놓으면,
비열한 목소리에 내 온몸이 떨리고
사악한 눈초리에 기가 죽습니다.

⁴⁻⁸ 뱃속이 온통 뒤틀리고
죽음의 망령이 나를 짓누릅니다.
두려워 덜덜 떨며
머리부터 발끝까지 진저리를 칩니다.
스스로 묻습니다. "누가 내게 날개를 달아 줄까?
비둘기 같은 날개를."
비둘기 날개 퍼덕여 이곳을 벗어나게 하소서.
평화와 고요를 맛보게 하소서.
시골길을 걸으며
숲 속 오두막에서 쉬게 하소서.
광풍이 난무하는 이 험악한 곳에서
벗어나게 해주소서.

9-11 주님, 호되게 꾸짖으소서. 저들의 혀를 베어 버리소서.
소름이 끼칩니다. 저들은 도성을
폭력배의 각축장으로 만들고,
뒷골목을 배회하며
낮이고 밤이고 싸움질을 해댑니다.
거리에는 쓰레기가 흘러넘치고
상인들이 환한 대낮에
바가지를 씌우며 사기 칩니다.

12-14 나를 모욕한 자가 동네 불량배였다면
차라리 내가 달게 받았을 것을.
욕설을 내뱉은 자가 낯모르는 악인이었다면
내가 신경 쓰지도 않았을 것을.
그러나 그자가 바로 너!
나와 함께 자란, 나의 가장 친한 벗이라니!
우리가 팔짱 끼고 함께 걷던 그 기나긴 시간,
하나님 이야기에 시간 가는 줄 몰랐지.

15 저 배신자들을 잡아 산 채로 지옥에 보내소서.
저들이 극심한 공포를 맛보게 하시고
저주받은 삶의 황폐함을 낱낱이 느끼게 하소서.

16-19 내가 하나님을 소리쳐 부르면

하나님께서 나를 도우시리라.
내가 깊은 한숨 내쉬면
해질 녘이나 동틀 녘에도,
한낮이라도 그분께서 들으시고 구해 주시리라.
수천 명이 늘어서 나를 대적하는
위험 속에서도
내 생명 안전하고, 아무 이상 없구나.
하나님께서 내 탄식 들으시고 판결을 내리시니
저들의 코를 납작하게 하시리라.
그러나 죄의 습관이 굳어진 저들,
하나님을 무시하는 저들, 결코 변하지 않으리.

20-21 내 가장 친한 벗이 친구들을 배신하니,
자기 말을 스스로 뒤집고 말았다.
평생 그의 말에 매료되었던 나,
그가 나를 공격할 줄은 꿈에도 몰랐다네.
음악처럼 아름답던 그의 말이
비수로 변해 내 마음을 찌르다니.

22-23 네 근심 **하나님**의 어깨 위에 올려놓아라.
그분께서 네 짐 지고 너를 도우시리라.
선한 이들이 쓰러져 파멸하는 것을,
그분 결코 그대로 두지 않으시리라.

하나님, 저들을
진흙탕 속에 던져 버리소서.
살인과 배신을 일삼는 저들의 수명을 절반으로 줄이소서.

나는 주님만 믿습니다.

다윗의 시. 다윗이 가드에서 블레셋 사람들에게 붙잡혔을 때

56

1-4 하나님, 내 편이 되어 주소서. 사람들에게 이
리저리 차이고
날마다 짓밟히는 이 몸입니다.
하루가 멀다 하고
누군가 나를 두들겨 팹니다.
저들이 그것을
의무로 여기는 듯합니다.
두려움이 온통 나를 엄습할 때
믿음으로 주께 나아갑니다.
내가 자랑스럽게 하나님을 찬양하니,
이제는 두려움 없이 하나님만 신뢰합니다.
한낱 죽을 수밖에 없는 자들이 나를 어찌할 수 있겠습니까?

5-6 저들은 그칠 줄 모릅니다.
내 명예를 더럽히고
함께 모여 나의 파멸을 꾀합니다.

그들이 떼를 지어
뒷골목을 몰래 드나들면서,
불시에 덮쳐
나를 없앨 기회를 엿봅니다.

7 이 악행을 저들에게 그대로 갚아 주소서!
하나님, 분노하셔서
저 민족들을 쓰러뜨리소서!

8 주께서는 아십니다.
내가 잠 못 이루고 뒤척였던 숱한 밤을.
내 모든 눈물이 주님의 장부에,
내 모든 아픔이 주님의 책에 기록되었습니다.

9 내가 고함치자
원수들이 꽁무니를 빼고 달아나는 날에,
나는 알 것입니다.
하나님께서 내 편이 되어 주신 것을.

10-11 내가 자랑스럽게 하나님을 찬양하고
자랑스럽게 **하나님**을 찬양하니,
이제는 두려움 없이 하나님만 신뢰합니다.
한낱 죽을 수밖에 없는 자들이 나를 어찌할 수 있겠습니까?

12-13 하나님, 주께서 약속하신 것 다 지키셨으니
내가 마음을 다해 감사드립니다.
주께서 나를 죽음의 벼랑에서 끌어내시고
내 발을 파멸의 낭떠러지에서 끌어내셨으니,
나 이제 볕 드는 생명의 들판을
하나님과 함께 즐거이 거닙니다.

다윗의 시. 다윗이 사울을 피해 동굴에 숨었을 때

57
1-3 하나님, 나를 다정히 맞아 주소서. 바로 지금!
죽을힘 다해 주께 달려갑니다.
이 폭풍이 다 지나기까지
주님의 날개 아래로 내가 피합니다.
내가 지극히 높으신 하나님을 큰소리로 부르네.
나를 붙들어 주시는 하나님을.
주께서 하늘에서 명령을 내려 나를 구원하시고
내게 발길질하는 자들을 굴복시키시네.
내게 한없는 사랑을 베푸시고
말씀하신 그대로 인도하시네.

4 내가 사자 떼 한가운데 있습니다.
놈들이 사람의 살을 맛보려고 기를 씁니다.
놈들의 이빨은 창과 화살.
놈들의 혀는 날카로운 단도.

⁵ 오 하나님, 하늘 높이 날아오르소서!
주님의 영광으로 온 땅을 덮으소서!

⁶ 그들이 내 길에 위장 폭탄을 설치해 놓으니
나는 꼼짝없이 죽고, 결딴나는 줄 알았습니다.
나를 잡으려고 그들이 함정을 팠으나
거꾸로 그들 자신이 그 속에 빠졌습니다.

⁷⁻⁸ 하나님, 준비가 끝났습니다.
머리부터 발끝까지 단단히 준비했습니다.
이제 선율에 맞춰 노래하렵니다.
"깨어나라, 내 영혼아!
깨어나라, 하프야, 거문고야!
깨어나라, 너 잠꾸러기 태양아!"

⁹⁻¹⁰ **하나님**, 내가 거리에서 소리 높여 주께 감사드리고
도시에서, 시골에서 주님을 찬양합니다.
주님의 사랑, 깊을수록 더 높이 이르고
모든 구름, 주님의 성실 드러내며 나부낍니다.

¹¹ 오 하나님, 하늘 높이 날아오르소서!
주님의 영광으로 온 땅을 덮으소서!

다윗의 시

58

1-2 어찌하여 나라를 이처럼 경영하느냐?
국회에 정직한 정치인이 있더냐?
너희는 막후에서 떠들썩하게 악을 꾸미고
닫힌 문 뒤에서는 악마와 거래하는구나.

3-5 악인들은 태어나자마자 잘못된 길로 간다.
모태에서 나면서부터 거짓말을 내뱉으니,
그들의 갈라진 혀에서 떨어지는 것은
독, 치명적인 방울뱀 독.
그들은 위협도 홀리는 소리도 듣지 못하니,
수십 년치 귀지가 귓속에 켜켜이 쌓인 탓이다.

6-9 하나님, 저들의 이를 박살내셔서
이빨 없는 호랑이 신세가 되게 하소서.
저들의 인생이 엎질러진 물이 되게 하시고
모래밭의 축축한 얼룩으로 남게 하소서.
저들이 짓밟힌 풀이 되게 하셔서
오가는 사람의 발길에 닳아 빠지게 하소서.
저들이 달팽이 진액처럼 녹아내리게 하시고
유산된 태아가 되어 햇빛을 보지 못하게 하소서.
하나님, 저들의 음모가 모양을 잡기 전에
쓰레기와 함께 내던져 버리소서!

10-11 의인은 악인이 벌 받는 것을 보고
친구들을 불러 모으리라.
악인의 피를 잔에 담아내어
함께 건배하리라.
다들 환호하며 말하리라. "규례를 지킬 만하구나!
상을 주시는 하나님, 세상을 지켜보시는 하나님이 과연 계
시는구나!"

다윗의 시. 사울이 다윗을 죽이려고 그의 집에 감시를 붙였을 때

59

1-2 나의 하나님! 내 원수들에게서 나를 구하시고
폭도들에게서 나를 지켜 주소서.
저들의 더러운 술수에서 나를 건지시고
저들이 보낸 청부 살인자들에게서 나를 구원하소서.

3-4 무법자들이 똘똘 뭉쳐 나를 대적하고
매복까지 하며 나를 노립니다.
하나님, 나는 이런 일에 휩싸일 짓을 하지 않았고
누구를 속이거나 학대한 일도 없습니다.
그런데 저들은 나를 가만두지 않기로 작정한 듯,
나를 뒤쫓습니다.

4-5 깨어나셔서 직접 보소서! 주께서는 하나님이십니다.
만군의 **하나님**, 이스라엘의 하나님이십니다!

주님의 일을 행하셔서 저 악한 자들을 제거하소서.
잔학무도한 자들이오니 봐주지 마소서.

6-7 저들은 해만 지면 돌아와서
늑대처럼 짖어 대며 성 주위를 어슬렁거립니다.
그러다 갑자기 성문 앞에 모두 모여
욕설을 내지르며 단도를 뽑아 듭니다.
자신들은 절대 잡히지 않으리라 여깁니다.

8-10 그러나 **하나님**, 주께서는 저들을 비웃으십니다.
사악한 민족들을 웃음거리로 여기십니다.
강하신 하나님, 내가 주님 그 모습 바라보며
늘 주님만 의지합니다.
하나님은 한결같은 사랑으로 때맞춰 나타나셔서
내 원수들이 파멸하는 꼴을 내게 보여주십니다.

11-13 **하나님**, 내 백성이 잊지 않도록
저들을 단번에 해치우지 마소서.
저들을 천천히 쓰러뜨리시고
아주 서서히 해체하소서.
비열하고 거만하게 내뱉은 저들의 온갖 말에
스스로 걸려들게 하소서.
중얼중얼 내뱉은 온갖 저주와

뻔뻔스런 거짓말에
스스로 걸려 넘어지게 하소서.
저들을 말끔히 해치우소서!
영원히 끝장내소서!
하나님께서 야곱을 확실히 통치하심을,
하나님께서 세상 모든 곳을 다스리심을,
온 세상이 알게 될 것입니다.

14-15 저들은 해만 지면 돌아와서
늑대처럼 짖어 대며 성 주위를 어슬렁거립니다.
뼈다귀를 찾아 헤매다
먹을 것을 주는 손까지 물어뜯습니다.

16-17 그러나 나는 주님의 용맹을 노래하고
새벽에 주님의 과분한 선물을 큰소리로 이야기하렵니다.
주님은 나에게 더없이 안전한 장소,
좋은 피난처가 되어 주셨습니다.
강하신 하나님, 내가 주님 그 모습 바라보며
늘 주님만 의지합니다.
내 든든한 사랑이신 하나님!

다윗의 시. 다윗이 아람 나하라임과 아람 소바와 싸울 당시 요압이 소금
골짜기에서 에돔 사람 일만이천 명을 죽였을 때

60

1-2 하나님! 주께서 우리를 버리고 떠나가시고
우리의 방어 시설을 걷어차 부수시고
노를 발하며 사라지셨지만,
이제 돌아오소서. 제발, 돌아오소서!

주께서 땅의 기초를 뒤흔드시니
거대한 틈이 생겼습니다.
이제 갈라진 틈을 메우소서! 그 틈으로
모든 것이 무너져 내립니다.

3-5 주께서는 주님의 백성이 파멸을 목도하게 하시고
싸구려 포도주로 괴로움을 달래게 하셨습니다.
그러고는 주님의 백성을 독려할 깃발을 꽂으시고
용기를 줄 그 깃발이 휘날리게 하셨습니다.
어서 조치를 취하소서. 지금 바로 응답하소서.
주께서 끔찍이 사랑하시는 백성이 구원을 얻게 하소서.

6-8 그때 하나님께서 거룩한 광채 속에서 말씀하셨습니다.
"내가 기쁨에 겨워
세겜을 선사하고
숙곳 골짜기를 선물로 주리라.

길르앗이 내 호주머니 속에 있고
므낫세도 그러하다.
에브라임은 나의 헬멧,
유다는 나의 망치.
모압은 세탁용 양동이,
내가 모압을 쓰러뜨려 바닥 걸레로 삼으리라.
에돔에게 침을 뱉고
블레셋 전역에 불벼락을 퍼부으리라."

9-10 누가 나를 치열한 싸움터로 데려가며,
누가 에돔에 이르는 길을 알려 주겠습니까?
하나님, 주께서 우리를 버리신 것은 아니겠지요?
우리 군대와 함께 나아가기를 거절하신 것은 아니겠지요?

11-12 우리를 도우셔서 이 힘든 임무 완수하게 하소서.
사람의 도움은 아무 쓸데가 없습니다.
하나님을 힘입어 우리가 최선을 다하리니,
주께서 적군을 완전히 때려눕히실 것이다.

다윗의 시

61

1-2 하나님, 나의 부르짖음을 들으소서.
나의 기도에 귀 기울여 주소서.
멀리 있는 이 몸,

숨이 멎도록 헐떡이며
큰소리로 외칩니다. "저 높은 바위산 위로
나를 이끄소서!"

3-5 주께서는 내게 숨 쉴 공간을 주시고
모든 상황에서 벗어나 쉬게 하시며,
주님의 은신처 평생이용권을 주십니다.
주님의 손님으로 흔쾌히 초대해 주십니다.
하나님, 주님은 언제나 나를 진심으로 대하시며
주님을 알고 사랑하는 이들에게 환영받게 하십니다.

6-8 왕의 날들을 더하시고
선한 통치 기간이 오래도록 이어지게 하소서.
왕좌를 하나님의 충만한 빛 가운데 두시고
한결같은 사랑과 신실로 경계병을 삼아 주소서.
그러면 내가 시인이 되어 주님의 영광을 노래하고,
노래한 대로 날마다 살아가겠습니다.

다윗의 시

62

1-2 하나님은 오직 한분이시니,
그분 말씀하실 때까지 기다리리라.
내게 필요한 모든 것 그분에게서 오니,
어찌 기다리지 않으랴?

그분은 내 발밑의 견고한 바위
내 영혼이 숨 쉴 공간
난공불락의 성채이시니,
내가 평생토록 든든하다.

3-4 너희는 언제까지 나에게 달려들려느냐?
언제까지 불량배들과 어울려 배회하려느냐?
너희에게 아무것도 아니요,
썩은 마루청이, 벌레 먹은 서까래 같은 나를.
산을 무너뜨리겠다는
허망한 계획을 도모하나 개미둑에 불과한 너희,
멋진 말을 늘어놓아도
축복마다 저주의 악취가 풍기는구나.

5-6 하나님은 오직 한분이시니,
그분 말씀하실 때까지 기다리리라.
내게 필요한 모든 것 그분에게서 오니,
어찌 기다리지 않으랴?
그분은 내 발밑의 견고한 바위
내 영혼이 숨 쉴 공간
난공불락의 성채이시니,
내가 평생토록 든든하다.

7-8 나의 도움과 영광 하나님 안에 있으니
하나님은 굳센 바위, 안전한 항구!
백성들아, 온전히 그분을 신뢰하여라.
그분께 너희 목숨을 걸어라.
하나님만이 너희 피난처이시다.

9 남자는 한낱 연기
여자는 한낱 신기루일 뿐.
그 둘을 합해도 아무것도 아니니
이 곱하기 영은 결국 영일 뿐.

10 뜻밖의 횡재를 하더라도
거기에 너무 마음 쓰지 마라.

11 하나님께서 딱 잘라 하신 이 말씀,
내가 얼마나 자주 들었던가?
"능력은 오직
하나님께로부터 온다."

12 주 하나님, 주께는 자애가 가득합니다!
날마다 우리가 수고한 것에 합당한 대가를 지불해 주십니다!

다윗의 시. 다윗이 유다 광야에 있을 때

63
¹ 하나님, 주님은 나의 하나님!
보고 또 보아도 보고 싶은 분!
하나님을 향한 허기와 목마름에 이끌려
메마르고 삭막한 사막을 가로지릅니다.

²⁻⁴ 주님의 권능과 영광을 보려고
두 눈 활짝 뜨고 예배처소에 있습니다.
마침내 주님의 너그러운 사랑 안에 살게 된 이 몸!
내 입술에 샘처럼 찬양이 넘쳐흐릅니다.
나, 숨 쉴 때마다 주님을 찬양하고
찬양의 깃발인 듯 두 팔을 주께 흔듭니다.

⁵⁻⁸ 최상품 갈비를 마음껏 먹고 입맛을 다시니,
지금은 소리 높여 찬송할 때입니다!
한밤중에 잠 못 들 때면
지난날을 회상하며 감사의 시간을 보냅니다.
주께서 줄곧 내 편이 되어 주셨으니
나, 마음껏 뛰며 춤춥니다.
내가 주께 온 힘을 다해 매달리니,
주님은 나를 굳게 붙드시고 말뚝처럼 흔들림 없게 하십니다.

⁹⁻¹¹ 나를 잡으려 기를 쓰는 저들,

망하여 죽고 지옥에 떨어지리라.
비명횡사하여
승냥이 무리에게 사지를 찢기리라.
그러나 왕은 하나님 안에서 기뻐하고
그의 진실한 벗들은 그 기쁨 전파할 것이요,
야비한 뒷공론 일삼는 자들은
영원히 입에 재갈을 물리리라.

다윗의 시

64

¹ 오 하나님, 귀 기울여 들으시고 도와주소서.
운명의 날이 다가왔다는 생각에
이렇게 탄식하며 흐느낍니다.

²⁻⁶ 저들이 나를 찾아내지 못하게 하소서.
나를 잡으려는 공모자들이
자신들의 혀를 무기 삼아
독설을 내뱉고,
독화살 같은 말을 쏘아 댑니다.
매복하여 있다가
누가 맞든 아랑곳하지 않고,
느닷없이 쏘아 댑니다.
저들은 운동 삼아 사악한 일을 벌여 건강을 유지하면서,
남몰래 놓은 덫의 목록을 품고 다니며

서로 말합니다.
"누구도 우리를 잡지 못할 거야.
이렇게 감쪽같은데 누가 눈치채겠어."
그러나 주님은 명탐정,
지하실처럼 캄캄한 마음속 비밀까지도 알아채십니다.

7-8 하나님께서 화살을 쏘시니
저들이 고통에 겨워 몸을 구부리는구나.
쓴웃음 짓는 군중들 앞에서
꼴사납게 고꾸라지는구나.

9-10 모든 사람이 보는구나.
하나님이 행하신 일이 장안의 화제가 되는구나.
선한 이들아, 기뻐하여라! 하나님께로 피하여라!
마음씨 고운 이들아, 찬양이 곧 삶이 되게 하여라.

다윗의 시

65

1-2 시온에 계신 하나님,
침묵이 주께 찬양하고
순종도 그리합니다.
주께서는 그 모든 것에 담긴 기도를 들으십니다.

2-8 우리 모두 죄를 짊어지고

머지않아 주님의 집에 이릅니다.
지은 죄 너무 무거워 감당할 수 없지만
주께서는 그것을 단번에 씻어 주십니다.
주께서 친히 택하신 이들은 복이 있습니다!
주님 거하시는 곳에 초대받은 이들은 복이 있습니다.
우리가 주님의 집, 주님 하늘 저택에 있는
좋은 것들을 한껏 기대합니다.
주님의 놀라운 구원의 일들이
주님 트로피 보관실에 전시되어 있습니다.
주께서는 땅을 길들이시고 대양에 물을 채우시며,
산을 조성하시고 언덕을 아름답게 꾸미시는 분.
폭풍과 파도의 노호와
군중의 시끄러운 소요를 가라앉히시는 분.
도처에서 사람들이 걸음을 멈추고,
두려움과 놀라움으로 바라봅니다.
새벽과 땅거미가 번갈아 소리칩니다.
"와서 예배하여라."

9-13 오, 땅에 찾아오셔서
땅에게 기쁨의 춤을 추게 하소서!
봄비로 땅을 장식하시고
생수로 하나님의 강을 채우소서.
밀밭을 황금빛으로 물들이소서.

주께서는 이 일을 위해 세상을 지으셨습니다!
비를 내려 갈아엎은 밭을 적셔 주시고
흙이 물을 넉넉히 품게 하소서.
써레질과 고무래질에
땅이 꽃을 피우고 열매 맺게 하소서.
산봉우리에 눈 왕관을 씌워 빛나게 하시고
주님의 길에 장미 꽃잎을 흩뿌리소서.
거친 풀밭 곳곳에도 뿌려 주소서.
언덕들이 춤추게 하시고
협곡진 비탈에 양 떼를 두어
골짜기와 골짜기, 아마포를 드리운 듯 꾸며 주소서.
오, 저들에게서 기쁨의 함성 터져 나오고
즐거운 노랫소리 그치지 않게 하소서!

66

1-4 다 함께 모여 하나님께 갈채를!
그분의 영광에 합당한 노래 부르고
그분께 영화로운 찬송 드려라.
하나님께 아뢰어라. "주님 같은 분, 그 어디에도 없습니다!"
원수들이 주께서 행하신 일을 보고
야단맞은 개처럼 슬그머니 도망칩니다.
온 땅이 무릎 꿇고
주님을 경배하며 노래합니다.

주님의 이름과 명성을 끊임없이 즐거워합니다.

5-6 하나님이 행하신 놀라운 일들을 잘 보아라.
너희 숨이 멎으리라.
그분께서 바다를 마른 땅으로 바꾸시고
사람들이 걸어서 그 길을 건너게 하셨으니,
어찌 찬양하지 않으랴?

7 주께서 지극히 높은 곳에서 영원히 다스리시며
모든 나라들을 굽어보신다.
반역자들, 그분께
감히 대들지 못하는구나.

8-12 오 백성들아, 우리 하나님을 찬양하여라!
온 땅에 울려 퍼지는 노래로 그분을 맞이하여라!
그분께서 우리를 생명 길에 두시지 않았느냐?
우리를 수렁에서 건져 내시지 않았느냐?
그분께서 우리를 먼저 단련하시고
은을 정련하듯 뜨거운 용광로 속을 통과하게 하셨다.
우리를 척박한 지역에 들여보내시고
극한까지 밀어붙이셨다.
길에서 우리를 안팎으로 시험하시고
생지옥을 데리고 다니셨으며,

마침내 물 댄 이곳으로
우리를 이끄셨다.

13-15 내가 소중히 여기는 것과 선물을 가지고
주님의 집에 왔습니다.
이제 주께 약속한 대로 행하겠습니다.
내가 큰 곤경에 처하던 날,
엄숙히 맹세한 대로 행하겠습니다.
엄선한 고기를 제물로 바치고
구운 양고기의 향기도 올려 드립니다!
염소 고기를 곁들인
수소도 바칩니다!

16-20 모든 믿는 이들아, 이리로 와서 귀를 기울여라.
하나님이 내게 행하신 일들을 너희에게 들려주리라.
내 입이 그분께 큰소리로 부르짖고
내 혀에서 찬양의 노래가 흘러나왔다.
내가 죄악과 놀아났다면
주께서 듣지 않으셨으리라.
그러나 하나님은 너무도 분명히 들어주셨다.
내 기도소리 들으시고 한걸음에 달려오셨다.
찬양받으실 하나님, 주께서는 귀를 막지 않으시고,
한결같은 사랑으로 나와 함께 계셨습니다.

67

¹⁻⁷ 하나님, 우리에게
은혜와 복을 내리소서! 환한 얼굴빛 비추소서!

주께서 어찌 일하시는지 온 나라가 보게 하시고,

주께서 어찌 구원하시는지 모든 민족이 알게 하소서.

하나님! 사람들이 주께 감사하고 주님을 기뻐하게 하소서.

모든 민족이 주께 감사하고 주님을 기뻐하게 하소서.

주께서는 흩어져 있는 모든 자를 공명정대하게 심판하고

보살피는 분이시니,

그들이 행복해지고

그 행복 큰소리로 이야기하게 하소서.

하나님! 사람들이 주께 감사하고 주님을 기뻐하게 하소서.

모든 민족이 주께 감사하고 주님을 기뻐하게 하소서.

땅아, 네 풍요로움을 드러내어라!

오 하나님, 우리 하나님, 우리에게 복을 내리소서.

오 하나님, 우리에게 복을 내리소서.

온 땅아, 주께 영광을 돌려 드려라!

다윗의 시

68

¹⁻⁴ 하나님과 함께 일어나라!
그분의 원수들을 해치워라!

적들아, 언덕으로 달음질쳐 보아라!

한 모금 담배연기처럼,

불 속의 한 방울 촛농처럼 사라지리라.

악인들은 하나님을 한번 보기만 해도 자취를 감추는구나.
그러나 의인들은 하나님의 일하심을 보고
웃으며 노래하리라.
기쁨에 겨워 노래하리라.
하나님께 찬송가를 불러 드려라.
온 하늘아, 큰소리로 외쳐라.
구름 타고 오시는 분을 위해 길을 깨끗게 하여라.
하나님을 기뻐하여라.
그분을 뵐 때 환호성을 올려라!

5-6 고아들의 아버지,
과부들의 보호자,
그분은 거룩한 집에 계시는 하나님.
집 없는 이들에게 집을 마련해 주시고
갇힌 이들을 자유의 문으로 인도하신다.
그러나 반역자들은 지옥에서 썩게 하시리라.

7-10 하나님, 주께서 주님의 백성을 이끌고 가실 때,
주께서 광야를 행진하실 때,
땅이 흔들리고 하늘이 식은땀을 흘렸습니다.
하나님께서 행진 중이시기 때문입니다.
행진하시는 하나님, 이스라엘의 하나님 앞에서
시내 산도 바들바들 떨었습니다.

오 하나님, 주께서 양동이로 쏟아붓듯 비를 내리시자
가시나무와 선인장 있던 곳이 오아시스로 변하고,
주님의 백성이 거기서 천막을 치고 즐거워합니다.
주께서 그들의 형편을 낫게 하시니
가난뱅이이던 그들이 부자가 되었습니다.

11-14 주께서 명령하시자
수천의 사람들이 기쁜 소식 외치네.
"왕들이 달아났다!
거느린 군대와 함께 도망치는구나!"
아낙네들 무사히 집에 돌아와
전리품을 나누네.
가나안의 은과 금을 나누네.
전능하신 분이 왕들을 쫓아내시던 날,
검은 산에 눈이 내렸다네.

15-16 너 거대한 산맥, 바산이여,
위대한 산맥, 용의 산맥이여!
너희가 선택받지 못해 토라져 한탄하는구나.
하나님이 한 산을 택해 그곳에서 지내기로 하셨으니,
주께서 그 산에서 영원히 다스리시리라.

17-18 하나님의 전차는 수천수만 대.

선두에 계신 주께서 전차 타시고 시내 산,
바로 그 거룩한 곳에 내려오셨다!
주께서 포로들을 거느리고 지극히 높은 곳에 오르셔서
반역자들에게서 전리품을 한 아름 받으셨습니다.
이제, 주께서 그곳에 당당히 좌정하고 계십니다.
하나님, 주권자이신 하나님!

19-23 주님을 찬양하여라.
주께서 날마다 우리를 이끄시니,
그분은 우리의 구원자, 우리의 하나님.
우리를 도우시는 하나님, 우리를 구원하시는 하나님.
주 하나님은
죽음을 속속들이 아시는 분.
주께서 원수들을 해산시키시고
그들의 두개골을 쪼개셨다.
하늘에서 행진해 나오시며 말씀하셨다.
"내가 용을 동아줄로 묶고
깊고 푸른 바다에도 재갈을 물렸다.
너는 네 원수들의 피로 발을 적시고
네 집 개들도 네 장화에 묻은 원수들의 피를 핥으리라."

24-31 보아라, 행진하시는 하나님을.
나의 하나님, 나의 왕께서

성소로 행진하신다!
맨 앞에는 가수들, 맨 뒤에는 악대가 뒤따르고
대열 중간에서 소녀들이 캐스터네츠를 연주한다.
온 찬양대가 하나님을 찬양한다.
찬양의 샘이 흐르듯, 이스라엘이 하나님을 찬양한다.
보아라. 어린 베냐민이
앞에 나와 대열을 이끌고,
귀족 복장을 한 유다 고관들,
스불론과 납달리 고관들이 그 뒤를 따른다.
오 하나님, 주님의 힘을 펼쳐 보이소서.
오 하나님, 지금의 우리를 있게 하신 주님의 능력을 뽐내소서.
지극히 높으신 하나님, 주님의 성전은 예루살렘,
왕들이 주께 예물을 가져옵니다.
꾸짖으소서, 저 늙은 악어 이집트와
들소 무리와 송아지들을.
탐욕스럽게 은을 바라며
다른 민족들을 짓밟고 싸우지 못해 안달하는 저들을.
이집트 무역상들이 주께 푸른색 옷감을 바치게 하시고
구스 사람들이 두 팔 벌려 하나님께 달려오게 하소서.

32-34 노래하여라, 오 세상의 왕들아!
주님을 찬양하여라!
저기, 하늘을 거니시는,

태곳적 하늘을 활보하시는 그분이 계신다.
귀 기울여 들어라. 그분께서 우레 속에서 외치신다.
우르르 쾅쾅 울리는 천둥 속에서 고함치신다.
하나님께, 이스라엘의 높으신 하나님께 "만세!"를 외쳐라.
그분의 광휘와 권능이
소나기구름처럼 거대하게 솟아오른다.

35 오 하나님, 위엄에 찬 아름다움
주님의 성소에서 흘러나오옵니다.
이스라엘의 강하신 하나님!
그분께서 백성에게 힘과 능력을 주신다!
오, 주님의 백성들아, 하나님을 찬양하여라!

다윗의 시

69

1 하나님, 하나님, 나를 구원하소서!
이제는 도저히 버틸 수 없습니다.

2 아래로 내 발이 빠져들고, 위로는 거센 물결이 나를 덮칩니다.
익사하기 직전입니다.

3 도움을 구하느라 목이 쉬고
하늘 보며 하나님을 찾다가 눈까지 흐려졌습니다.

4 원수들이 내 머리카락보다 많습니다.
밀고자들과 거짓말쟁이들이 나를 해하려 듭니다.

내가 훔치지도 않았는데
물어내야 하다니요?

5 하나님, 주께서는 나의 죄를 낱낱이 아십니다.
내 인생은 주님 앞에 활짝 펼쳐진 책입니다.

6 사랑하는 주님! 만군의 **하나님!**
희망을 품고 주님을 바라보는 이들이
내게 일어난 일로 낙담하지 않게 하소서.

이스라엘의 하나님! 간구합니다.
주님을 찾는 이들이
나를 따르다가 막다른 곳에 이르지 않게 하소서.

7 주님 때문에 바보가 된 이 몸,
얼굴 보이기 부끄러워 숨어 다닙니다.

8 형제들은 나를 길거리의 부랑자 대하듯 하고
가족들은 나를 불청객 취급합니다.

⁹ 내가 말로 다할 수 없을 만큼 주님을 사랑합니다.
내가 주님을 미친 듯이 사랑하기에,
저들이 주님을 싫어하는 모든 이유를 들어 나를 비난합니다.

¹⁰ 내가 기도와 금식에 힘쓸 때
더 많은 경멸이 나에게 쏟아집니다.

¹¹ 내가 슬픈 표정이라도 지으면
저들은 나를 광대 취급합니다.

¹² 주정뱅이와 식충이들이
나를 조롱하며 축배의 노래를 부릅니다.

¹³ 그러나 나는 그저 기도할 뿐입니다.
하나님, 내게 숨 돌릴 틈을 주소서!

하나님, 사랑으로 응답하시고
주님의 확실한 구원으로 응답하소서!

¹⁴ 이 수렁에서 나를 건져 주셔서
영원히 가라앉지 않게 하소서.

원수의 손아귀에서 나를 빼내소서.

이 소용돌이가 나를 빨아들입니다.

¹⁵ 늪이 내 무덤이 되게 하지 마시고, 블랙홀이
나를 물어 삼키지 못하게 하소서.

¹⁶ **하나님**, 나를 사랑하시니, 지금 응답하소서.
주님의 크신 긍휼을 내가 똑똑히 보게 하소서.

¹⁷ 외면하지 마소서. 주님의 종이 견딜 수 없습니다.
내가 곤경에 처했으니, 당장 응답하소서!

¹⁸ 하나님, 가까이 오셔서, 나를 여기서 꺼내 주소서.
이 죽음의 덫에서 나를 건져 주소서.

¹⁹ 저들이 나를 함부로 대하고
바보 취급하며 모욕하는 것을, 주께서 알고 계십니다.

²⁰ 내가 저들의 모욕에 기가 꺾이고
꼴사납게 엎드러져, 만신창이가 되고 말았습니다.

인자한 얼굴을 찾았지만 헛수고였고
기대어 울 어깨도 찾지 못했습니다.

²¹ 저들은 내 수프에 독을 타고
내가 마시는 물에 식초를 끼얹었습니다.

²² 저들의 만찬이 덫의 미끼가 되게 하시고,
친한 친구들이 놓은 덫에 저들이 호되게 당하게 하소서.

²³ 저들의 눈을 어둡게 하시고
아침부터 저녁까지 두려워 떨게 하소서.

²⁴ 주님의 불같은 분노로 저들을 치셔서
주께서 저들을 어찌 여기시는지 알게 하소서.

²⁵ 저들의 집을 다 태워 버리시고
홀로 쓸쓸히 지내게 하소서.

²⁶ 저들은 주께서 징계하신 이를 헐뜯고
하나님께 상처 입은 사람의 이야기를 지어냅니다.

²⁷ 저들의 죄에 죄를 더하여 주셔서
저들이 빠져나가지 못하게 하소서.

²⁸ 살아남은 자들의 명부에서 저들의 이름을 지우시고
바위에 새긴 의인의 명단에 저들이 끼지 못하게 하소서.

²⁹ 내가 다쳐서 고통 중에 있으니,
몸을 추스를 공간과 맑은 공기를 허락해 주소서.

³⁰ 내가 찬양 노래로 하나님의 이름을 외치고
감사의 기도로 주님의 위대하심을 알리게 하소서.

³¹ **하나님은** 이 일을 제단 위에 놓인 수소보다 기뻐하시고
엄선된 황소보다 더 좋아하신다.

³² 마음이 가난한 이들이 보고 기뻐하네.
오, 하나님을 찾는 이들아, 용기를 내라!

³³ **하나님은** 가난한 이들의 소리에 귀 기울이시고
가엾은 이들을 저버리지 않으신다.

³⁴ 너 하늘아, 주님을 찬양하여라. 땅아, 주님을 찬양하여라.
바다와 그 속에서 헤엄치는 모든 것들아, 주님을 찬양하여라.

³⁵ 하나님께서 시온을 도우러 오시며
유다의 파괴된 성읍들을 다시 세우신다.

생각해 보아라, 누가 그곳에 살게 될지,
누가 그 땅의 당당한 주인이 될지.

³⁶ 주님의 종들의 자손이 그 땅을 차지하고
주님의 이름을 사랑하는 이들이 그곳에서 살아가리라.

다윗의 기도

70 ¹⁻³ 하나님! 서둘러 나를 구하소서!
하나님, 속히 내게 오소서!

나를 해치려고 혈안이 된 자들이
제풀에 엎드러지게 하소서.
나의 몰락을 즐기는 자들이
막다른 골목에 몰리게 하소서.
저들이 부린 술수가 고스란히 되돌아가게 하시고
혀를 차며 내뱉던 험담을 저들이 도로 듣게 하소서.

⁴ 주님을 찾아 헤매는 이들은
노래하고 기뻐하게 하소서.
주님의 구원의 도를 사랑하는 모든 이들이
"하나님은 위대하시다!" 하고 거듭거듭 말하게 하소서.

⁵ 그러나 나의 마음은 꺾이고, 쇠약해졌습니다.
하나님, 속히 오소서!
어서 내게 오셔서, 나를 구하소서!
잠시도 지체하지 마소서, **하나님**.

71
1-3 내가 죽을힘 다해 **하나님**께로 달려갑니다.
결코 후회하지 않겠습니다.

주님의 특별한 능력을 보여주소서.

나를 이 궁지에서 구하시고 우뚝 서게 하소서.

내 말에 귀 기울여 주소서.

나에게 구원을 베푸소서.

주님의 문은 언제나 열려 있다고 하셨으니,

내게 쉴 처소가 되어 주소서!

주님은 나의 구원, 나의 견고한 성채이십니다.

4-7 나의 하나님, 악인의 손아귀에서 나를 건지시고

악당과 불량배의 손에서 나를 구하소서.

고달픈 시절에도 나를 붙들어 주신 **하나님**,

주님은 어려서부터 나의 반석이 되어 주셨습니다.

내가 태어나던 날,

주께서 나를 요람에서 안으시던 날부터 내가 주님을 의지하
였으니,

이 몸, 찬양을 그치지 않으렵니다.

많은 사람들이 나를 색안경 끼고 바라보지만

주님은 나를 의연하게 받아 주십니다.

8-11 주님의 아름다움이 날마다 차고 넘치듯

내 입에도 찬양이 차고 넘칩니다.

내가 늙어 연약해져도 쫓아내지 마시고
제 역할 못하게 되어도 퇴물 취급하지 마소서.
원수들이 내 뒤에서 수군대며
나를 칠 기회를 호시탐탐 노립니다.
"하나님도 저 자를 버리셨다.
도와줄 자 없으니, 당장 잡아 족치자" 하고 떠들어 댑니다.

12-16 하나님, 멀찍이서 구경만 하지 마소서.
어서 오소서! 내 옆으로 달려오소서!
나를 비난하는 자들이 부끄러움을 당하고,
나를 잡으려는 자들이 바보 천치로 보이게 하소서.
내가 주님을 붙들려고 손을 뻗습니다.
날마다 찬양에 찬양을 더하겠습니다.
주님의 의로우심을 책에 기록하고
주님의 구원을 종일토록 큰소리로 전하겠습니다.
쓸거리나 말할거리가 결코 떨어지지 않을 것입니다.
내가 주 **하나님**의 권능으로 나아가
주님의 의로우신 일을 널리 알리겠습니다.

17-24 하나님, 주께서는 미숙한 어린 시절부터 나를 붙드시고
내가 알아야 할 모든 것을 가르치셨습니다.
이제 내가 주님의 놀라운 일들을 세상에 알리고
늙어 백발이 될 때까지 그 일을 계속하겠습니다.

하나님, 나를 버려두고 떠나지 마소서.
오 하나님, 내가
주님의 강한 오른팔을 세상에 알리고,
주님의 권능과
주님의 그 유명한 의의 길을
다음 세대에 알리겠습니다.
하나님, 주께서 이 모든 일을 행하셨으니
주님 같은 분, 또 어디에 있겠습니까?
나로 하여금 고난을 보게 하신 주님,
나를 회복시키셔서,
이제는 생명을 보게 하소서.
바닥까지 떨어진 나를 끌어올리시고
명예를 회복시켜 주소서.
나를 돌아보시고, 너그럽게 대해 주소서.
그러면 내가 거문고를 집어 들고
주님의 성실하심에 감사하는 노래를 연주하겠습니다.
하프로 주께 바치는 음악을 연주하겠습니다.
이스라엘의 거룩한 분이시여!
내가 입을 열어 주님을 노래하고
목청껏 찬양합니다.
나를 죽이려던 자들이
부끄러움에 사로잡혀 슬그머니 달아나는 동안,
나를 살려 주신 주님을 찬양할 것입니다.

온종일 주님의 의로운 길을 흥얼거릴 것입니다.

솔로몬의 시

72

1-8 오 하나님, 지혜롭게 다스리는 능력을 왕에게,
공정하게 다스리는 능력을 왕세자에게 주소서.

그가 주님의 백성을 공정하게 재판하여,
온순하고 불쌍한 이들에게 존경받는 왕이 되게 하소서.
산들이 왕의 통치를 생생하게 증언하고
언덕들이 바른 삶의 윤곽을 보이게 하소서.
가난한 이들을 지키시고
어려운 이들의 자녀를 도우시며
무자비한 폭군들을 엄히 꾸짖으소서.
해보다 오래 살고, 달보다 장수하여
대대로 다스리게 하소서.
베어진 풀에 내리는 비가 되고
땅의 기운을 돋우는 소나기가 되소서.
저 달이 스러질 때까지 정의가 꽃피게 하시고
평화가 넘치게 하소서.
바다에서 바다까지
강에서 하구까지 다스리소서.

9-14 적들이 하나님 앞에 무릎 꿇고
왕의 원수들이 먼지를 핥게 될 것입니다.

멀리 있는 전설적 왕들이 경의를 표하고
부유하고 멋진 왕들이 재산을 넘길 것입니다.
모든 왕이 엎드려 절하고
모든 민족이 왕을 섬기기로 맹세할 것입니다.
그가 어려운 때에 가난한 이들을 구하고
운이 다한 빈민을 구제하기 때문입니다.
그는 빈털터리가 된 자들을 위해 마음을 쓰고
이 땅의 가련한 이들을 돕습니다.
그는 압제와 고문을 당하는 이들을 구해 냅니다.
그들이 피 흘리면, 그도 피 흘리고
그들이 죽으면, 그도 죽습니다.

15-17 오, 그가 오래오래 살게 하소서!
스바의 황금으로 꾸며 주소서.
그를 위해 드리는 기도, 끊이지 않게 하시고
아침부터 늦은 밤까지 그에게 복을 내리소서.
금빛으로 물든 곡식밭이
산봉우리까지 이르러 무성하게 하시고,
찬양, 넘쳐나는 찬양이
땅의 풀처럼 도성에서 돋아나게 하소서.
왕의 이름이 잊히지 않게 하시고
그의 명성이 햇빛처럼 빛나게 하소서.
모든 민족이 그의 복된 다스림을 받게 하시고

그들에게 복 주신 하나님을 찬양하게 하소서.

18-20 **하나님** 이스라엘의 하나님,
홀로 기적을 일으키시는 그분을 찬양하여라!
그분의 찬란한 영광을 영원토록 찬양하여라!
그분의 영광 온 땅에 가득하리라.
그렇습니다, 참으로 그렇습니다.

아삽의 시

73

1-5 의심할 것 없네! 하나님은 선하신 분.
착한 이들을 선대하시고, 마음씨 고운 사람도
그리하시네.
그러나 하마터면 놓치고,
그분의 선하심 보지 못할 뻔했네.
내가 엉뚱한 데 눈을 돌려
꼭대기에 있는 자들을
우러러보고
성공한 악인들을 부러워했으니.
걱정거리 전혀 없는 자들,
세상 근심거리 하나 없는 자들을.

6-10 거만하게 우쭐거리는 저들,
교묘하게 폭력을 휘두르고

제멋대로 하면서, 먹기는 원 없이 먹고
바보같이 비단 나비넥타이로 멋을 냈구나.
상처 주는 말로 조롱하고
거만하게 굴며 제멋대로 지껄이네.
큰소리 탕탕 치며
거친 말로 분위기를 어지럽히는 자들.
사람들이 저들의 말을 귀담아듣는다니, 기막힌 일 아닌가?
저들의 말을 목마른 강아지처럼 핥아 먹는다니.

11-14 대체 어떻게 된 일이야? 하나님이 점심 드시러 가셨나?
가게를 아무도 지키지 않는군.
악인들이 와서 물건을 싹쓸이하고
재산을 축적하며 성공 가도를 달리는구나.
미련하게 규칙을 지켰건만,
내가 얻은 것은 무엇이었나?
오랜 불운과
문 밖을 나설 때마다 당하는 모욕뿐.

15-20 내가 이런 생각을 받아들이고 입 밖에 냈다면,
주님의 귀한 자녀들을 배신하게 되었을지도 모릅니다.
어떻게 된 일인지 알아내려고 했으나
내가 얻은 것은 극심한 두통뿐이었습니다.
하나님의 성소에 들어가서야

비로소 전모를 파악했습니다.
주께서 저들을 미끄러운 길에 두셨고
저들은 끝내 미혹의 수렁에 처박히고 말 것임을.
눈 깜빡할 사이에 닥치는 파멸!
어둠 속의 급한 굽잇길, 그리고 악몽!
꿈에서 깨어나 눈을 비비고 둘러보면 아무것도 없듯,
저들도 그렇습니다. 아무것도 아닙니다.

21-24 질투로 제정신을 잃고
속이 타고 쓰릴 때,
나는 아무것도 몰랐습니다.
그저 주님 앞에서 한 마리 우둔한 황소였습니다.
그 상태로 여전히 주님 앞에 있지만,
주께서 내 손을 잡아 주셨습니다.
주께서 나를 지혜롭고 부드럽게 이끄시고
나에게 복을 내려 주십니다.

25-28 주님은 내가 하늘에서도 원하는 전부,
땅에서도 원하는 전부이십니다!
내 피부는 처지고 내 뼈는 약해져도,
하나님은 바위처럼 든든하고 성실하십니다.
보소서! 주님을 떠난 자들이 망합니다!
주님을 버린 자들의 소식, 다시는 들리지 않을 것입니다.

그러나 나는 하나님 바로 앞에 있으니,

오, 얼마나 상쾌한지요!

주 **하나님**은 나의 안식처,

내가 주님의 일들을 세상에 알리겠습니다!

아삽의 시

74

¹ 하나님, 우리를 버리고 떠나시더니

단 한 번도 돌아보지 않으시는군요.

어찌 그러실 수 있습니까?

우리는 주님 소유의 양 떼인데,

어찌 이토록 노를 발하며 떠나 계실 수 있습니까?

²⁻³ 주께서 오래전에 우리를 사신 것을 기억하소서.

우리는 주께서 비싼 값을 치르고 사신, 주님의 가장 소중한

지파입니다!

우리는 주께서 한때 거하시던, 주님 소유의 시온 산입니다!

어서 오셔서 이 참혹한 현장을 둘러보소서.

저들이 성소를 어떻게 파괴했는지 보소서.

⁴⁻⁸ 주님의 백성이 예배드릴 때, 주님의 원수들이 난입하여

고래고래 소리 지르고 낙서를 휘갈겨 썼습니다.

저들이 현관에 불을 지르고

도끼를 휘둘러 성소의 성물들을 찍었습니다.

쇠망치로 문을 부수고
불쏘시개감으로 산산이 쪼갰습니다.
주님의 성소를 완전히 불태우고
예배처소를 더럽혔습니다.
"싹 다 쓸어버리자" 말하고는
모두 불태웠습니다.

9-17 하나님의 징표도 보이지 않고
주님의 이름으로 말하는 자도 없으며,
앞으로 어찌 될지 아는 이도 없습니다.
하나님, 언제까지 신성모독을 일삼는 저 야만족을 그대로
두시렵니까?
언제까지 원수들이 저주를 퍼붓고도 아무 탈 없이 살게 내
버려 두시렵니까?
어찌하여 조치를 취하지 않으십니까?
언제까지 팔짱을 끼고 가만히 앉아만 계시렵니까?
하나님은 처음부터 나의 왕,
세상 한복판에서 구원을 이루시는 분이십니다.
주께서는 일거에 바다를 두 동강 내시고
탄닌이라는 용을 묵사발로 만드셨습니다.
리워야단의 머리를 베시고
고깃국을 만들어 짐승들에게 주셨습니다.
주님의 손가락으로 샘과 시내를 여시고

사나운 홍수 물을 말라붙게 하셨습니다.
낮도 주님의 것, 밤도 주님의 것,
주께서 해와 별들을 제자리에 두셨습니다.
땅을 사방으로 펼치시고
여름과 겨울도 만드셨습니다.

18-21 **하나님**, 주목하시고 기억해 주소서.
원수들이 주님을 조롱하고, 천치들이 주님을 모독합니다.
주님의 어린양들을 늑대에게 내동댕이치지 마소서.
우리가 참으로 많은 일을 겪었으니, 잊지 마소서.
주님의 약속을 기억하소서.
도시는 어둠 속에 잠겼고, 시골은 폭력의 도가니로 변했습니다.
희생자들을 거리에서 썩게 버려두지 마시고,
그들을 살리셔서 주님을 찬송하는 찬양대로 세우소서.

22-23 오 하나님, 일어나소서.
하나님을 위해 일어나소서!
들리십니까, 저들이 주님을 두고 쏟아내는
온갖 역겨운 말들이?
간과하지 마소서, 저들의 악의에 찬 언사를.
그칠 줄 모르는 저 요란한 독설을.

아삽의 시

75

¹ 하나님, 감사합니다. 주께 감사드립니다.
주님의 이름이 우리 입에서 떠나지 않습니다.
주께서 행하신 놀라운 일들을 이야기하고 또 이야기합니다.

²⁻⁴ 주께서 말씀하십니다. "내가 회의를 열어
사태를 수습하리라.
세상이 혼란에 빠지고
어떤 최후가 닥칠지 아무도 모를 때,
내가 상황을 확실히 정리하고
모든 것이 제자리를 잡게 하리라.
잘난 체하는 자들에게는 '그만하여라' 하고
불량배들에게는 '설치지 마라' 할 것이다."

⁵⁻⁶ 지극히 높으신 하나님께 주먹을 쳐들지 마라.
만세 반석이신 분께 목소리를 높이지 마라.
그분은 동쪽에서부터 서쪽에 이르기까지,
사막에서부터 산맥에 이르기까지, 오직 한분이신 하나님.

⁷⁻⁸ 그분께서 다스리신다. 어떤 사람은 무릎 꿇게 하시고
어떤 사람은 일으켜 세우신다.
하나님의 손에 잔이 들려 있으니
포도주가 찰랑찰랑 넘친다.

잔을 기울여
한 방울도 남기지 않고 다 따르신다.
세상의 악인들이 그것을 모두 받아 마시고
쓰디쓴 마지막 한 방울까지 핥아야 한다!

9-10 그러나 나는 영원하신 하나님 이야기를 전하며
야곱의 하나님을 찬양하리라.
악인들의 주먹은
피투성이 나무토막,
의인들의 팔은
힘차게 뻗은 푸르른 가지 같다.

아삽의 시

76

1-3 하나님은 유다에서 유명하신 분.
이스라엘에서 그분의 이름 모르는 자 없구나.
그분께서 살렘에 집을 마련하시고
시온에 방 여러 칸짜리 거처를 정하셨네.
거기서 화살을 불쏘시개로 쓰시고
전쟁 무기들을 불사르셨네.

4-6 오, 주님은 얼마나 찬란하신지요!
저 거대한 전리품 더미보다 더욱 빛나십니다!
용사들이 약탈을 당해

무기력하게 널브러졌습니다.
이제 그들에게는 아무것도 없습니다.
으스댈 것도 으르댈 만한 것도 없습니다.
야곱의 하나님, 주님의 갑작스런 포효에
말도 기병도 숨통이 끊어졌습니다.

7-10 주님은 두렵고 무서우신 분!
그 누가 주님의 진노에 맞설 수 있겠습니까?
주께서 하늘에서 천둥소리로 심판을 알리시니
땅이 무릎 꿇고 숨을 죽입니다.
하나님이 우뚝 서서 모든 일을 바로잡으시니
이 세상의 가련한 이들이 모두 구원을 받습니다.
부글부글 끓던 분노 대신, 찬양소리 울려 퍼진다!
씩씩대던 온갖 분노 대신, 모두 나와 하나님께 화환을 바친다!

11-12 **하나님께 약속한 대로 행하여라.**
그분은 너희 하나님이시다.
우리의 모든 행위를 지켜보시는 분께
주변 사람들 모두 예물을 드리게 하여라.
잘못을 저지른 자 누구도 빠져나갈 수 없고
그분을 함부로 대할 자 아무도 없도다.

아삽의 시

77

¹ 내가 하나님께 외칩니다. 온 힘 다해 부르짖습니다.

목청껏 외치니, 그분께서 내게 귀를 기울여 주십니다.

²⁻⁶ 내가 고난을 당해 주님을 찾아 나섰습니다.

내 삶은 벌어져 아물지 않는 상처.

친구들은 "모든 게 잘될 거야"라고 말하지만,

그들의 말 도무지 믿기지 않습니다.

내가 하나님을 떠올리고는, 고개를 가로젓습니다.

고개를 떨구고 맞잡은 두 손을 쥐어짭니다.

근심거리 이루 말할 수 없어

뜬눈으로 밤 지새고 한숨도 자지 못했습니다.

지난날을 돌아보고

흘러간 세월을 되새겨 봅니다.

어떻게 해야 내 삶을 추스를 수 있을지

밤새도록 거문고 타며 생각에 잠깁니다.

⁷⁻¹⁰ 주께서 우리를 버리고 영원히 떠나셨는가?

다시는 환한 얼굴빛 비추지 않으시려는가?

그분의 사랑, 오래되어 누더기가 되었나?

그분의 구원 약속, 더 이상 유효하지 않은가?

하나님께서 자비 베푸시는 것을 잊으셨나?

노여움으로 우리를 버리고 떠나가셨나?
내가 말했습니다. "운도 없지. 지극히 높으신 하나님은
내가 필요로 할 때면 어김없이 일을 쉬시는구나."

¹¹⁻¹² 내가 **하나님**께서 행하신 일들을 한 번 더 새기고
옛적 기적들을 돌이켜 봅니다.
주께서 이루신 모든 일들을 곰곰이 묵상하고
주님의 행적들을 오랫동안 그리며 바라봅니다.

¹³⁻¹⁵ 오 하나님! 주님의 길은 거룩합니다!
어떤 신도 하나님만큼 위대하지 않습니다!
주님은 모든 일을 주관하시는 하나님,
주님의 크신 능력을 모든 이에게 보여주셨습니다.
주님의 백성을 극심한 곤경에서 끌어내시고
야곱과 요셉의 자손들을 구하셨습니다.

¹⁶⁻¹⁹ 하나님, 대양이 주께서 행하신 일을 보았습니다.
주님을 보고 두려워 떨었습니다.
깊은 바다도 무서워 죽을 지경이 되었습니다.
구름이 양동이로 퍼붓듯 비를 내리고
하늘이 천둥소리를 터뜨리며,
주님의 화살들이 이리저리 번뜩였습니다.
회오리바람에서 주님의 천둥소리 울리고

번개가 온 세상을 번쩍 밝히니,
땅이 동요하며 흔들렸습니다.
주께서 대양을 활보하시고
으르대는 대양을 질러 가셨지만
아무도 주님의 오고 가심을 보지 못했습니다.

20 주께서는 모세와 아론의 손에 몸을 숨기신 채
주님의 백성을 양 떼처럼 이끄셨습니다.

아삽의 시

78
1-4 사랑하는 친구들이여, 하나님의 진리를 들으며
내 말에 귀를 기울여라.
격언 한 조각 곱씹어
너희에게 알려 주리라, 감미로운 옛 진리를.
이것은 우리 조상들에게서 전해 들은 이야기,
어머니 슬하에서 받은 훈계.
우리만 간직하지 않고
다음 세대에게도 전하련다.
하나님의 명성과 부,
그분께서 행하신 놀라운 일들을.

5-8 **하나님**께서 야곱 안에 증거를 심으시고
그분의 말씀을 이스라엘에 확고히 두셨다.

그리고 우리 조상들에게 명령하시기를,
그것을 자손들에게 가르쳐
다음 세대와 앞으로 올 모든 세대가
알게 하라고 하셨다.
그들이 진리를 배우고 이야기를 전하여
그 자손들도 하나님을 믿고,
하나님께서 행하신 일들을 잊지 않으며
그분의 계명을 지키게 하라고 명령하셨다.
완고하고 악한 그들의 조상들처럼
변덕스럽고 믿음 없는 세대,
하나님께 신실하지 못한 세대가
되지 말 것을 명하셨다.

9-16 에브라임 자손들은 빈틈없이 무장하고도
정작 전투가 시작되자 도망치고 말았다.
그들은 겁쟁이여서 하나님의 언약을 지키지 않았고
그분의 말씀 따르기를 거절했다.
그분께서 행하신 일을,
그들에게 똑똑히 보여주신 이적들을 잊어버렸다.
하나님께서는 이집트 소안 들판에서
그들의 조상들 눈앞에서 기적을 일으키셨다.
바다를 갈라 좌우에 바닷물을 쌓으시고,
그들이 걸어서 그 사이를 통과하게 하셨다.

낮에는 구름으로,
밤에는 활활 타는 횃불로 그들을 인도하셨다.
광야에서 바위를 쪼개시고
모두가 지하 샘물을 마시게 하셨다.
반석에서 시냇물 흐르게 하시고
그 물줄기 강처럼 쏟아져 나오게 하셨다.

17-20 그러나 그들은 계속해서 죄를 더 짓고
그 사막에서 지극히 높으신 하나님을 거역했다.
하나님을 제 뜻대로 움직이려 했고
특별한 사랑과 관심을 가져 달라고 떼를 썼다.
막돼먹은 아이처럼 보채며 투덜거렸다.
"어째서 하나님은 이 사막에서는 괜찮은 음식을 못 주시는
거야?
그분이 바위를 치시니 물이 흐르고
반석에서 시냇물이 폭포처럼 떨어졌지.
그런데 갓 구운 빵은 어째서 안 주시는 거지?
맛있는 고기 한 덩어리는 왜 안되는 거야?"

21-31 **하나님**께서 들으시고 노하셨다.
그분의 진노가 야곱을 향해 타올랐고
그 진노가 이스라엘에게 미쳤다.
그들이 하나님을 믿지 않았고

그분의 도우심을 신뢰할 마음이 없었다.
그러나 하나님께서는 구름에게 명령해
하늘 문을 여시고 그들을 도우셨다.
만나를 빗발치듯 내리셔서 그들을 먹이시고
하늘의 빵을 내리셨다.
그들은 힘센 천사들의 빵을 먹었고
그분은 그들이 배부르게 먹을 만큼 충분한 양을 보내 주셨다.
하늘에서 동풍을 풀어 놓으시고
남풍을 힘껏 보내시니,
이번에는 새들이 비처럼 떨어졌다.
육즙이 풍부한 새가 수없이 쏟아져 내렸다.
하나님께서 그것들을 진영 한가운데로 곧장 던지시니,
그들의 천막 주위로 새들이 쌓였다.
그들이 마음껏 먹고 배를 두드렸다.
하나님께서는 그들이 간절히 원하는 모든 것을 선뜻 내주셨다.
그러나 그들의 욕심은 끝이 없었고,
그들은 점점 더 많은 것을 입에 욱여넣었다.
하나님께서 더 이상 참지 못하시고 진노를 터뜨리셨다.
그들 가운데 가장 총명하고 뛰어난 자들을 베시고
이스라엘에서 가장 멋진 젊은이들을 쓰러뜨리셨다.

32-37 그러나 놀랍게도, 그들은 여전히 죄를 지었다.
그 모든 기적을 경험하고도 여전히 믿지 않았다!

그들의 삶은 아무 가치 없이 스러졌다.
그들이 살았던 흔적은 온데간데없고 유령도시만 남았다.
하나님께서 그들을 베어 죽이실 때에야
그들은 하나님께 달려와 도움을 구하고,
돌이켜 긍휼을 간구했다.
하나님께서 그들의 반석이심을,
지극히 높으신 하나님께서 그들의 구원자이심을 증언했다.
그러나 거기에는 한마디의 진심도 담겨 있지 않았다.
그들은 내내 거짓말만 늘어놓았다.
하나님을 조금도 개의치 않았고
그분의 언약 따위는 신경도 쓰지 않았다.

38-55 그럼에도 하나님께서는 자비로우셨다!
저들을 멸하는 대신, 그 죄를 용서하셨다!
노를 참고 또 참으시며
그 진노를 억누르셨다.
하나님께서는 그들이 한낱 흙으로 지어진 존재임을,
대수로울 것 없는 자들임을 기억하셨다.
사막에서 그들은 얼마나 자주 그분을 퇴짜 놓았던가?
광야 시절에 얼마나 자주 그분의 인내심을 시험했던가?
그들은 거듭 그분을 거역했고
이스라엘의 거룩하신 하나님을 노엽게 했다.
그들은 얼마나 빨리 그분이 행하신 일을 잊었던가?

대적의 손아귀에서 그들을 구하시던 날을.
이집트에서 여러 기적을 일으키시고
소안 평원에서 이적을 행하시던 일을.
그분께서는 강과 그 지류를 피로 바꾸셔서,
이집트에 마실 물이 한 방울도 없게 하셨다.
파리 떼를 보내어 저들을 산 채로 먹게 하시고
개구리 떼를 보내어 저들을 괴롭히게 하셨다.
저들의 수확물을 벌레 떼에게 내주시고,
저들이 애써서 거둔 모든 것을 메뚜기 떼에게 넘기셨다.
우박으로 저들의 포도나무를 쓰러뜨리시고
서리로 저들의 과수원을 망가뜨리셨다.
우박으로 저들의 가축을 사정없이 때리시고
벼락으로 저들의 소 떼를 치셨다.
이글거리는 진노와
사나운 파괴의 불 바람,
질병을 옮기는 천사 전위부대를 보내셔서
그 땅을 말끔히 청소하고 주님의 길을 예비하게 하셨다.
저들의 목숨을 살려 두지 않으시고
전염병이 저들 가운데 창궐하게 하셨다.
이집트의 모든 맏아들을 쓰러뜨리시고,
함이 낳은 건강한 유아들을 죽이셨다.
그러고는 자기 백성들을 양 떼처럼 이끌어 내셨다.
광야에서 그들 무리를 안전하게 인도하셨다.

주께서 돌보시니 그들은 두려울 것 없었다.
그들의 원수들은 바다가 영원히 삼켜 버렸다.
하나님께서는 야곱을 그분의 거룩한 땅으로,
그분의 소유로 삼으신 이 산으로 데려오셨다.
그들을 가로막는 자는 누구든 쫓아 버리시고
그 땅에 말뚝을 박아 유산으로 주시니,
이스라엘 온 지파가 자기 땅을 갖게 되었다.

⁵⁶⁻⁶⁴ 그러나 그들은 계속해서 그분의 심기를 언짢게 하고
지극히 높으신 하나님을 거역했다.
그분께서 말씀하신 것을 하나도 이행하지 않았다.
믿기지 않지만, 그들은 조상들보다 더 악했다.
용수철처럼 배배 꼬인 배신자가 되었다.
이방인들의 난잡한 잔치를 벌여 하나님의 진노를 사고
추잡한 우상숭배로 그분의 마음을 아프게 했다.
하나님께서 그 어리석은 짓거리를 보고 노하셔서
이스라엘에 '절연'을 선언하셨다.
하나님이 떠나심으로 실로는 텅 비었고
그분께서 이스라엘과 만나시던 성소도 버려졌다.
하나님의 긍지와 기쁨이던 것을 위험에 내어주셨고
그분의 기쁨이던 백성에게 등을 돌리셨다.
노하신 하나님은 그들을 전쟁터에 내보내시고
혼자 힘으로 감당하게 하셨다.

젊은이들이 전쟁에 나가 돌아오지 않았고
젊은 아낙들의 기다림은 헛되이 끝났다.
제사장들은 몰살당하고
과부가 된 그들의 아내들은 눈물 한 방울 흘리지 못했다.

65-72 그때 주께서
깊은 잠에서 깨어난 사람처럼 갑자기 일어나셔서
술로 달아오른 전사처럼 고함치셨다.
원수들을 내리쳐 쫓아내시고
뒤돌아볼 엄두도 못 내게 고함치셨다.
그러고는 요셉의 지도자 자격을 박탈하셨다.
에브라임도 자격이 없다고 말씀하셨다.
대신 하나님께서 몹시 아끼시던 시온 산,
유다 지파를 선택하셨다.
그 안에 성소를 세우셔서 영광스럽게 하시고
땅처럼 견고하고 영원하게 하셨다.
그 다음, 자기 종 다윗을 택하시되
양 우리에서 일하던 그를 친히 뽑으셨다.
어미 양과 새끼 양을 치던 그였으나
하나님께서는 그에게 야곱을 맡기셨다.
그분의 백성 이스라엘, 가장 아끼시는 소유를 돌보게 하셨다.
마음이 착한 다윗은 선한 목자가 되었고,
백성을 슬기롭게 잘 인도했다.

아삽의 시

79

1-4 하나님! 야만족이 주님의 집에 침입하여
주님의 거룩한 성전을 더럽히고,
예루살렘을 돌무더기로 만들었습니다!
저들이 주님의 종들의 주검을
새들의 먹이로 내주고,
주님의 거룩한 백성의 **뼈**를
들짐승들에게 내주어 물어뜯게 했습니다.
저들이 그들의 피를
양동이의 물처럼 쏟아 버렸습니다.
그들의 주검이 예루살렘 주위에 흩어져 썩고 있건만
묻어 줄 사람 아무도 없습니다.
우리는 이웃 민족들에게 한낱 농담거리요,
성벽에 휘갈겨 쓴 낙서가 되고 말았습니다.

5-7 하나님, 이런 상황을 언제까지 참아야 합니까?
우리를 영영 외면하시렵니까?
들끓는 주님의 진노는 영영 식지 않으십니까?
노를 쏟으시려거든
주님을 전혀 개의치 않는 이방인들에게,
주님과 경쟁하며 주님을 무시하는 나라들에 쏟으소서.
야곱을 파괴하고
그가 살던 곳을 부수며 약탈한 저들에게 말입니다.

8-10 우리 조상들의 죄를 우리에게 돌리지 마소서.

어서 오셔서 우리를 도우소서. 우리는 옴짝달싹할 수 없습니다.

주께서는 구원의 하나님으로 명성 높으시니, 우리를 도우소서.

주님의 이름이 걸린 일입니다.

이 곤경에서 우리를 끌어내시고, 우리 죄를 용서해 주소서.

주님의 명성대로 행하여 주소서!

믿지 않는 자들이 "너희 하나님은 어디 있느냐?

점심 드시러 가셨느냐?" 하고 비웃지 못하게 하소서.

주님의 능력을 드러내셔서, 하나님을 모르는 자들이

주님의 종들을 죽이고 무사히 넘어가지 못하게 하소서.

11-13 포로들의 신음소리를 들으시고

사형수 감방에 있는 이들을 죽음에서 구하소서.

주님은 능히 하실 수 있습니다!

우리를 비웃는 이웃들에게 그 소행대로 갚으시고

저들이 주께 안겨 드린 모욕이 되돌아가, 저들을 쓰러뜨리게 하소서.

주님의 백성, 주께서 아끼고 돌보시는 우리는

주께 거듭 감사하며,

만나는 모든 사람들에게 알리겠습니다.

주님은 참으로 놀라운 분, 참으로 찬양받으시기에 합당한 분이심을!

아삽의 시

80

1-2 이스라엘의 목자시여, 귀를 기울이소서.
주님의 양 떼 요셉 자손을 모두 모으소서.

주님의 눈부신 보좌에서
광채를 비추셔서,
에브라임과 베냐민과 므낫세로 하여금
그들이 어디로 가고 있는지 보게 하소서.
침대에서 일어나소서. 충분히 주무셨습니다!
늦기 전에 서둘러 오소서.

3 하나님, 돌아오소서!
주님의 복되고 환한 얼굴빛 비춰 주소서.
그러면 우리가 구원을 받겠나이다.

4-6 **하나님**, 만군의 하나님,
주님의 백성이 불과 유황을 구하는데도
언제까지 휴화산처럼 연기만 뿜으시렵니까?
주께서는 눈물이 우리의 밥이 되게 하시고,
짭짤한 눈물을 양동이로 연거푸 들이켜게 하셨습니다.
주께서 우리를 친구들에게 놀림거리로 만드시니,
원수들이 날마다 조롱합니다.

7 만군의 하나님, 돌아오소서!

주님의 복되고 환한 얼굴빛 비춰 주소서.
그러면 우리가 구원을 받겠나이다.

8-18 주께서 어린 포도나무 한 그루 이집트에서 가지고 나오
셔서
가시나무와 찔레나무를 뽑아 없애고
주님 소유의 포도원에 심으셨음을 기억하소서.
주께서 좋은 땅을 마련하시고
그 뿌리를 깊이 내리게 하시니,
포도나무가 땅을 가득 채웠습니다.
주님의 포도나무 우뚝 솟아 산들을 덮으니
거대한 백향목도 그 앞에서 난쟁이가 되었습니다.
주님의 포도나무가 서쪽으로는 바다까지
동쪽으로는 강까지 뻗어 나갔습니다.
그런데 어찌하여 주님의 포도나무를 더 이상 돌보지 않으십
니까?
사람들이 제멋대로 들어와 포도를 따고
멧돼지들이 울타리를 뚫고 들어와 짓밟으며,
남은 것을 생쥐들이 야금야금 갉아 먹습니다.
만군의 하나님, 우리에게 돌아오소서!
무슨 일인지 잘 살펴보시고
이 포도나무를 돌보아 주소서.
주께서 정성껏 심으시고

어린 모종 때부터 기르신 포도나무를 보살펴 주소서.
감히 그것을 불태운 저들을 노려보고
죽음을 안기소서!
주께서 가장 아끼시던 아이의 손을 잡아 주소서.
다 자랄 때까지 친히 키우신 아이입니다.
우리가 주님을 버리지 않겠으니
우리 폐에 생기를 불어넣어, 큰소리로 주님의 이름 부르게
하소서!

¹⁹ **하나님, 만군의 하나님, 돌아오소서!**
주님의 복되고 환한 얼굴빛 비춰 주소서.
그러면 우리가 구원을 받겠나이다.

아삽의 시

81
¹⁻⁵ 우리의 강하신 하나님께 노래를!
야곱의 하나님께 환호성을!
찬양대의 찬양과 악대의 음악으로
거문고와 하프, 트럼펫, 트롬본, 호른으로
감미로운 소리 올려 드려라.
이날은 축제의 날, 하나님의 잔칫날!
하나님께서 명하신 날,
야곱의 하나님이 엄숙하게 정하신 날.
이집트에서 행하신 일들을 잊지 않게 하시려고

요셉에게 명하여 지키게 하셨다.

가장 부드러운 속삭임 내가 들었네,
내게 말씀하시리라 상상도 못했던 분에게서.

6-7 "내가 너희 어깨에서 세상 짐을 내려 주고
중노동에 시달리던 삶에서 벗어나게 해주었다.
너희가 고통 속에서 내게 부르짖자,
그 험한 곳에서 너희를 구해 냈다.
천둥의 은신처에서 너희에게 응답하고
므리바 샘에서 너희를 시험했다.

8-10 귀담아들어라, 사랑스런 이들아. 똑똑히 알아 두어라.
오 이스라엘아, 가벼이 듣지 마라.
낯선 신들과 놀아나지 말고
최신 신들을 경배하지 마라.
나는 **하나님**, 너희 하나님이다.
죽음의 땅 이집트에서 너희를 구해 내고,
온갖 먹을거리로
너희 굶주린 배를 채워 준 참 하나님이다.

11-12 그러나 내 백성은 나의 말을 듣지 않았고
이스라엘은 주의하지 않았다.

그래서 내가 고삐를 풀어 주며 말했다. '가거라!
어디, 네 멋대로 해보아라!'

13-16 오 사랑스런 백성아, 이제 내 말을 들으려느냐?
이스라엘아, 내가 그려 준 지도를 따라가려느냐?
그러면 내가 너희 원수들을 순식간에 해치우고
너희 적들에게 모욕을 주리라.
하나님을 미워하는 자들이 개처럼 꽁무니를 빼니
그 소식 다시는 들리지 않게 하리라.
너희는 내가 갓 구워 낸 빵에
버터와 천연 꿀을 발라 마음껏 먹으리라."

아삽의 시

82

1 하나님께서 재판관들을 불러들여
법정 피고석에 앉으신다.

2-4 "이제 더 이상은 안된다! 너희는 너무 오랫동안 정의를
훼손했고
살인죄를 지은 악인을 놓아주었다.
이제는 의지할 곳 없는 이들을 변호하고
약자들에게 공정한 기회를 보장하여라.
너희가 할 일은 힘없는 이들을 변호하고
그들을 착취하는 자들을 기소하는 것이다."

⁵ 멋모르는 법관들! 진실을 외면하는 재판관들!
저들은 무슨 일이 벌어지는지 전혀 모른다.
그래서 모든 것이 흔들리고
세상이 휘청대는 것이다.

⁶⁻⁷ "지극히 높은 나 하나님이 너희 재판관 하나하나를
나의 대리자로 임명했다.
그러나 너희는 맡은 임무를 저버리더니
이제 지위를 **빼앗기고** 체포되기까지 하는구나."

⁸ 오 하나님, 저들에게 응분의 벌을 내리소서!
온 세상이 주님의 손안에 있습니다!

아삽의 시

83

¹⁻⁵ **하나님**, 나를 외면하지 마소서.
오 하나님, 내 말을 묵살하지 마소서.
주님의 원수들이 와자지껄 떠들어 대고
하나님을 미워하는 자들이 흥청거립니다.
주님의 백성을 죽이려 모의하고
주님의 소중한 이들을 그 손에서 **빼앗으려** 음모를 꾸밉니다.
저들은 말합니다. "이 민족을 땅에서 쓸어버리고
이스라엘의 이름을 책에서 지워 버리자."
급기야 저들은 머리를 맞대고

주님을 제거할 흉계까지 꾸밉니다.

6-8 에돔과 이스마엘 사람들
모압과 하갈 사람들
그발과 암몬과 아말렉
블레셋과 두로 사람들,
거기다 앗시리아까지 합세하여
롯 일당에게 힘을 보탭니다.

9-12 주께서 미디안에게 하신 것처럼
기손 시내에서 시스라와 야빈에게 하신 것처럼, 저들을 치
소서.
그들은 엔돌에서 최후를 맞이하고
정원의 거름이 되고 말았습니다.
오렙과 스엡에게 하신 것처럼 저들의 대장들을 베시고,
세바와 살문나에게 하신 것처럼 저들의 제후들을 멸하소서.
저들은 허풍을 칩니다. "다 가로채겠다.
하나님의 정원을 빼앗을 테다."

13-18 나의 하나님, 저들이라면 지긋지긋합니다!
저들을 날려 버리소서!
저들은 황무지에서 구르는 풀 뭉치,
불타 버린 땅에 남은 숯 토막일 뿐입니다.

저들을 두려워 떨게 만드시고
가쁜 숨을 내쉬며 **하나님**을 애타게 부르게 하소서.
저들을 진퇴유곡에 빠뜨리셔서
꼼짝없이 갇혀 있게 하소서.
그제야 저들이 알 것입니다. 주님의 이름이 **하나님**,
세상에 한분뿐인 지극히 높으신 하나님이심을.

고라의 시

84

¹⁻² 만군의 **하나님**, 주님의 집이 어찌 그리 아름
다운지요!
내가 전부터 이런 곳에 살고 싶었고,
주님의 집에 방 한 칸 마련하여
살아 계신 하나님께 기쁨의 노래 불러 드릴 날을 꿈꿔 왔습
니다.

³⁻⁴ 주님의 집에는 새들도 숨을 곳과 피난처를 얻습니다.
참새와 제비가 그곳에 둥지를 틀고
알을 낳아 새끼를 치며,
우리가 예배드리는 곳에서 지저귑니다.
만군의 **하나님**! 우리의 왕이신 하나님!
그곳에 살며 노래하는 이들은 얼마나 행복한지요!

⁵⁻⁷ 주께서 거처로 삼으신 모든 이들은 참으로 행복합니다.

그들의 삶은 주께서 거니시는 길이 됩니다.
그들은 외딴 골짜기를 걸어도 시내를 만나고,
시원한 샘물과 빗물 가득한 물웅덩이를 발견합니다!
하나님께서 거니시는 이 길은 산을 휘돌아 오르고
마지막 모퉁이를 돌아 마침내 시온에 이릅니다!
하나님이 훤히 보이는 그곳!

8-9 만군의 **하나님**, 귀를 기울이소서.
오 야곱의 하나님, 귀를 열어 내 기도를 들어주소서!
우리의 방패를 보소서. 햇빛을 받아 반짝입니다.
우리의 얼굴을 보소서. 은혜로이 기름부으셔서 빛이 납니다.

10-12 주님의 집, 이 아름다운 예배처소에서 보내는 하루가
그리스 해변에서 보내는 천 날보다 낫습니다.
내가 죄의 궁궐에 손님으로 초대받으니,
차라리 내 하나님의 집 바닥을 닦겠습니다.
하나님은 햇빛으로 가득하신 주권자,
은사와 영광을 후히 베푸시는 분,
자기 길동무에게 인색하지 않은 분이십니다.
만군의 **하나님**이 함께하시니, 가는 길 내내 순탄합니다.

고라의 시

85

¹⁻³ **하나님, 주께서 주님의 선한 땅에 환한 얼굴 빛 비추셨습니다!**
야곱에게 좋은 시절을 되돌려 주셨습니다!
주님의 백성에게서 죄의 구름 걷어 내시고
그 죄 보이지 않게 멀리 치우셨습니다.
죄로 인한 노여움 철회하시고
맹렬한 진노를 가라앉히셨습니다.

⁴⁻⁷ 우리 구원의 하나님, 전과 같이 우리를 도우소서.
우리에게 품으신 원한을 이제 거두어 주소서.
영원토록 그러지는 않으시겠지요?
언제까지 찌푸린 얼굴로 노여워하시겠습니까?
우리를 새롭게 출발하게 하시고, 부활의 생명으로 살게 하소서.
그러면 주님의 백성이 웃으며 노래할 것입니다!
하나님, 주께서 우리를 얼마나 사랑하시는지 보여주소서!
우리에게 절실한 구원을 베풀어 주소서!

⁸⁻⁹ 주께서 뭐라고 말씀하실지 어서 듣고 싶습니다.
하나님께서 자기 백성에게
몹시 아끼시는 거룩한 백성에게
다시는 바보처럼 살지 않게 하시려고, 행복을 선언하실 것입니다.
보이는가, 주님을 경외하는 이들에게 그분의 구원이 얼마나
가까운지?
우리 거하는 이 땅은 주님의 영광이 깃드는 곳!

10-13 사랑과 진실이 거리에서 만나고
정의로운 삶과 온전한 삶이 얼싸안고 입 맞추네!
진실이 땅에서 파릇파릇 싹트고
정의가 하늘에서 쏟아지네!
그렇다! 하나님께서 선함과 아름다움을 내리시니,
우리 땅이 넉넉함과 축복으로 응답하네.
정의로운 삶이 주님 앞을 걸어 나가며
그분 가시는 길을 깨끗게 하리라.

다윗의 시

86

1-7 **하나님**, 내게 귀를 기울이시고 응답하소서.
불쌍하고 딱한 인생입니다!
나를 지켜 주소서. 이 정도면 잘 살아오지 않았는지요?
주님의 종을 도우소서. 내가 주님만을 의지합니다!
주님은 나의 하나님이시니, 내게 긍휼을 베푸소서.
내가 아침부터 밤까지 주님을 의지합니다.
주님의 종에게 복된 삶을 주소서.
주님의 손에 이 몸을 맡겨 드립니다!

주님은 선하시며 기꺼이 용서하시는 분,
도움을 구하는 모든 이들에게 관대하기로 이름 높으신 분.
하나님, 내 기도에 주의를 기울이소서.
고개를 돌리셔서, 도움을 구하는 나의 부르짖음을 들어주소서.
주께서 응답해 주실 줄 확신하기에
내가 고난에 처할 때마다 주께 부르짖습니다.

8-10 오 주님, 신들 가운데 주님과 같은 신이 없고
주님의 행하신 일들과 견줄 만한 것도 없습니다.
오 주님, 주께서 지으신 모든 민족이 와서
주께 경배합니다.
주님의 아름다우심을 드러내고,
주님의 위대하심과
주께서 행하신 놀라운 일들을 자랑합니다.
하나님, 주님은 오직 한분, 주님과 같은 분 없습니다!

11-17 **하나님**, 나를 가르쳐 똑바로 걷게 하소서.
내가 주님의 참된 길을 따르겠습니다.
내 마음과 정신을 하나로 모아 주소서.
온전한 마음으로 즐거이 경외하며 예배하겠습니다.
사랑하는 주님, 진심으로 주께 감사드리니
주께서 행하신 일들을 내가 결코 숨긴 적이 없습니다.
주님은 언제나 나를 선대하신 분. 놀라워라, 그 사랑!

큰 어려움에서 나를 구해 내셨습니다!
하나님, 불량배들이 고개를 쳐듭니다!
불한당 무리가 나를 노립니다.
저들은 주님을 조금도 개의치 않는 자들입니다.
오 하나님, 주님은 친절하시고 다정하신 분,
좀처럼 노하지 않으시고 사랑이 무한하시며
절대 포기하지 않으시는 분.
나를 눈여겨보셔서 친절을 베푸시고
주님의 종에게 살아갈 힘을 주소서.
주님의 사랑하는 자녀를 구원해 주소서!
나를 얼마나 사랑하시는지 나타내 보여주소서.
그러면 나를 미워하는 불량배들이
멈춰 서서 벌린 입을 다물지 못할 것입니다.
주 **하나님**께서, 부드럽고 강하게
나를 다시 일으켜 세우시기 때문입니다.

고라의 시

87

¹⁻³ 거룩한 산 위에 시온을 세우셨으니
오, **하나님**은 참으로 그분의 집을 사랑하신다네!
야곱의 집들을 모두 합한 것보다
더욱 사랑하신다네!
오, 하나님의 도성이여!
모두가 네 이야기를 하는구나!

⁴ 나를 잘 아는 저들의 이름을 하나하나 불러 본다.
이집트와 바빌론,
블레셋,
두로와 구스도 함께.
저들을 두고 이런 말이 떠돈다.
"이 사람은 여기서 다시 태어났다!"

⁵ 시온을 두고는 이런 말이 나돈다.
"남자와 여자, 이 사람 저 사람 모두
그 품에서 다시 태어났다!"

⁶ **하나님**께서 저들의 이름을 명부에 기록하신다.
"이 사람, 이 사람, 그리고 이 사람이
바로 여기서 다시 태어났다."

⁷ 노래하는 사람과 춤추는 자들도 시온을 두고 이렇게 말한다.
"나의 모든 근원이 시온 안에 있다!"

고라 자손 헤만의 기도

88

¹⁻⁹ **하나님**, 내가 기대할 것은 주님뿐입니다.
내가 주님 앞에 무릎 꿇고 밤을 지새웁니다.
주님의 구원 계획에 나를 넣어 주시고,
내가 처한 곤경에 주목하소서.

어려움이라면 당할 만큼 당했고,
나 이제 저승의 문턱에 이르렀습니다.
사람들은 나를 실패자로 여기고
흔해 빠진 사고 희생자, 가망 없는 자로 분류합니다.
이미 죽은 자처럼 버림받아
주검 더미에 던져진 또 하나의 시체요,
묘비도 없이
흔적도 없이 사라질 존재일 뿐입니다.
주께서 나를 나락에 떨어뜨리시고
칠흑 같은 심연으로 밀어 넣으셨습니다.
내가 주님의 격노에 정신을 잃고,
파도처럼 밀려오는 주님의 분노에 사정없이 부서졌습니다.
친구들이 나를 미워하게 하시고
나를 끔찍한 존재로 여기게 만드셨습니다.
미로에 갇힌 이 몸 탈출구를 찾지 못한 채
고통과 좌절의 눈물로 눈까지 멀고 말았습니다.

9-12 **하나님**, 종일토록 주께 부르짖고, 또 부르짖습니다.
이렇게 두 손 모아 쥐고 도움을 구합니다.
죽은 자들이 살아서 주님의 기적을 보겠습니까?
유령들이 찬양대에 끼어 주님을 찬양하겠습니까?
주님의 사랑이 임한다 한들 무덤에서 무엇이 달라지겠습니까?
주님의 신실한 임재를 지옥의 통로에서 누가 알아보겠습니까?

주님의 놀라운 이적들을 어둠 속에서 누가 보겠습니까?
주님의 의로운 길을 망각의 땅에서 누가 주목하겠습니까?

13-18 하나님, 물러서지 않고 목청껏 도움을 구합니다.
내가 아침마다 기도하고 새벽마다 무릎 꿇습니다.
하나님, 어찌하여 못 들은 체하십니까?
어찌하여 그렇게 모습을 감추십니까?
어려서부터 고통을 겪고
주님 주시는 가장 심한 고통을 겪은 이 몸, 이제는 지쳤습니다.
들불 같은 주님의 노여움이 내 인생 내내 타올라,
이 몸, 시퍼렇게 멍든 채 죽어 가고 있습니다.
주께서 나를 사방에서 맹렬히 치시고
거반 죽을 때까지 재난을 퍼부으셨습니다.
사랑하는 사람과 이웃이 똑같이 나를 버리게 하셨으니,
내게 남은 벗은 오직 어둠뿐입니다.

에단의 기도

89

1-4 하나님, 주님의 사랑 내 노래가 되니, 내가 노래하렵니다!
주님의 신실하심을 모든 이들에게 영원토록 전하렵니다.
멈추지 않겠습니다, 주님의 사랑 이야기를.
주께서 우주를 어떻게 조성하시고
그 속의 모든 것을 어떻게 보증하셨는지를.

주님의 사랑은 언제나 우리 삶의 토대였고
주님의 성실하심은 세상을 덮는 지붕이었습니다.
전에 주께서도 이렇게 말씀하셨습니다.
"나는 내가 택한 지도자와 언약을 맺고
나의 종 다윗에게 맹세했다.
'네 후손은 누구나 생명을 보장받을 것이다.
네 통치권이 바위처럼 견고하여 오래도록 지속되게 할 것
이다.'"

5-18 **하나님**! 온 우주가 주님의 이적을 찬양하게 하시고
거룩한 천사들의 찬양대가 주님의 성실을 찬송하게 하소서!
하늘과 땅, 여기저기 구석구석 살펴보소서.
하나님 같은 분이 없음이 명백히 드러납니다.
거룩한 천사들이 주님 앞에서 심히 두려워 떱니다.
하나님께서 모든 이들 위에 큰 위엄 보이며 나타나십니다.
만군의 **하나님**, 그 무엇에도 능하고 성실하시니
주님 같은 분, 또 어디에 있겠습니까?
주께서는 오만한 대양이 분수를 알게 하시고
사납게 날뛰는 파도를 잠잠케 하십니다.
저 늙은 마녀 이집트를 모욕하시고
손사래로 주님의 원수들을 내쫓으셨습니다.
우주도 주님의 것, 그 안의 만물도 다 주님의 것,
원자부터 대천사에 이르기까지 모두가 주님의 것입니다.

주께서 북극과 남극을 배치하시니
다볼 산과 헤르몬 산이 주께 이중창을 부릅니다.
우람찬 팔과 강철 같은 손을 지니셨으니
주님을 우습게 보는 자 하나 없습니다!
공평과 정의는 주님 통치권의 뿌리.
사랑과 진실은 그 열매.
찬양의 비밀을 알고
하나님의 찬란한 얼굴 앞에 나와 외치는 백성은 복이 있습니다.
기쁨에 겨워 온종일 춤을 추니,
주께서 누구신지, 무슨 일을 행하시는지 알고
그저 잠잠할 수 없는 까닭입니다!
주님의 그 아름다움, 우리 안에 사무칩니다.
주께서 우리를 너무나 잘 대해 주셨습니다!
마치 구름 위를 걷는 것만 같습니다!
우리의 전 존재, 우리가 가진 모든 것이 하나님의 것입니다.
우리의 왕이시며, 이스라엘의 거룩하신 하나님!

19-37 오래전 주께서 환상 가운데 나타나셔서,
주님이 사랑하시는 충성스러운 이들에게 말씀하셨습니다.
"내가 한 영웅에게 왕관을 씌웠다.
고르고 고른 최고의 사람,
나의 종 다윗을 찾아내어

그의 머리에 거룩한 기름을 부어 주었다.
내 손이 항상 그를 붙들고
힘들 때나 좋을 때나, 변함없이 그와 함께할 것이다.
어떤 원수도 그를 이기지 못하고
어떤 악당도 그를 해치지 못할 것이다.
그를 대적하는 자, 내가 제거하고
그를 미워하는 자, 내가 쫓아낼 것이다.
내가 영원토록 그와 함께하며, 길이길이 사랑할 것이다.
내가 그를 높이리니, 그가 만방에 우뚝 솟을 것이다.
내가 그의 한 손에 대양을, 다른 한 손에 강을 맡겼으니
그가 '오 나의 아버지, 나의 하나님, 내 구원의 반석이시여!'
하고 외칠 것이다.
내가 그를 구별하여 왕조를 열게 했으니
세상 그 어떤 왕보다 뛰어난 왕이 되게 할 것이다.
나의 사랑으로 영원히 그를 보호하고
엄숙히 약속한 대로 모든 것을 성실히 이행할 것이다.
그의 자손들이 이어지게 하고
그의 통치를 승인할 것이다.
그러나 그의 자손이 내 말을 따르지 않거나
내가 제시하는 길을 걷지 않으면,
나의 규례에 침을 뱉고
내가 정해 준 규정을 찢어 버리면,
내가 반역의 오물을 그들의 얼굴에 문지르며

죄값을 물을 것이다.
그러나 그들을 내치고 버리거나
그들과 의절하지는 않을 것이다.
내가 내 거룩한 약속을 철회할 것 같으냐?
한번 내뱉은 말을 무를 것 같으냐?
나는 이미 약속을 했다. 이것은 온전하고 거룩한 약속이다.
내가 다윗에게 거짓말을 하겠느냐?
그의 자손이 영원토록 이어지고
그의 통치권이 태양같이 분명할 것이니,
달의 주기처럼 믿음직하며
날씨만큼 분명하게 설 것이다."

38-51 그러나 **하나님**, 주께서는
친히 기름부으신 자에게 진노하셔서
우리를 두고 떠나셨습니다.
주님의 종에게 하신 약속을 파기하시고
그의 왕관을 진흙 속에 처박아 짓밟으셨습니다.
그의 나라를 철저히 파괴하시고
그의 도성을 돌무더기로 만드셨습니다.
도성은 지나가는 낯선 자들의 약탈로 텅 비었고
모든 이웃의 조롱거리가 되었습니다.
주께서 그의 원수들에게 축제를 선언하시니
그들이 있는 힘을 다해 즐깁니다.

노하신 주께서 전투중에 그를 대적하셨고
그의 편이 되어 싸우기를 거부하셨습니다.
그에게서 광채를 앗아 가시고 용사인 그를 욕보이셨습니다.
왕의 명예가 땅바닥에 처박히게 하셨습니다.
그의 생애에서 최고의 시절을 빼앗으시고
그를 무능하고 몰락한 허깨비로 남게 하셨습니다.
하나님, 언제까지 우리를 버려두시렵니까?
영원히 떠나셨습니까? 두고두고 진노를 발하시렵니까?
내 슬픔을 기억하소서. 인생이 얼마나 짧은지를 기억하소서.
고작 이렇게 하시려고 사람을 지으셨습니까?
우리는 조만간 죽음을 볼 것입니다. 모두가 그러합니다.
저승에는 빠져나갈 뒷문이 없습니다.
사랑 많기로 유명하신 주님,
그 사랑 지금 어디에 있습니까?
다윗에게 하신 약속은 어찌 되었습니까?
사랑하는 주님, 주님의 종을 살펴보소서.
하나님, 나는 모든 민족의 놀림거리가 되었습니다.
주님의 원수들이 주께서 친히 기름부으신 자를 따라다니며
조롱합니다.

   하나님, 영원히 찬양을 받으소서!
   그렇습니다. 참으로 그렇습니다.

하나님의 사람 모세의 기도

90

1-2 하나님, 주님은 대대로 우리의 안식처이셨습니다.

오래전 산들이 생겨나기 전부터,

주께서 땅을 지으시기 전부터.

"아주 오랜 옛적"부터 "주님의 나라가 임할" 때까지, 주님은 하나님이십니다.

3-11 우리를 흙으로 돌려보내지 마소서.

"네 근원으로 돌아가라" 말씀하지 마소서.

참으소서! 주께서는 세상의 모든 시간을 쥐고 계십니다.

천 년이나 하루나 주께는 매한가지입니다.

주께는 우리가 아련한 한순간의 꿈에 불과한지요?

해 뜰 때 멋들어지게 돋아났다가

속절없이 베이고 마는 풀잎에 불과한지요?

감당할 수 없는 주님의 진노에

우리는 옴짝달싹할 수 없습니다.

주께서는 우리의 모든 죄를 놓치지 않으시고

어릴 적부터 저지른 악행을 주님의 책에 낱낱이 기록하셨습니다.

우리가 기억하는 것은 잔뜩 찌푸린 주님의 얼굴뿐입니다.

우리가 받을 대가가 그것이 전부인지요?

우리 수명은 칠십 남짓

(운이 좋으면 팔십입니다).

그렇게 살아서 내놓을 것이 무엇이겠습니까? 고통뿐입니다.

수고와 고통과 묘비 하나가 전부입니다.

누가 그러한 진노를, 주님을 두려워하는 자들에게 터뜨리시는

그 노여움을 이해할 수 있겠습니까?

12-17 오! 우리에게 제대로 사는 법을 일러 주소서!

지혜롭게 잘사는 법을 가르쳐 주소서!

하나님, 돌아오소서. 언제까지 기다려야 합니까?

이제는 주님의 종들을 온유하게 대해 주소서.

새벽에 깨어 주님의 사랑에 놀라게 하소서.

그러면 우리가 종일토록 기뻐 뛰며 춤추겠습니다.

지금까지 힘든 나날을 주신 만큼, 이제 좋은 날도 주소서.

불행이라면 평생 동안 충분히 겪었습니다.

주님의 종들에게 드러내 주소서, 주님의 능하신 모습을.

주님의 자녀들을 다스리시고 그들에게 복 주시는 모습을.

주 우리 하나님, 은혜를 베푸셔서

우리가 하는 일이 잘되게 하소서.

오, 그렇게 해주소서. 우리가 하는 일이 틀림없게 해주소서!

91

1-13 지극히 높으신 하나님 앞에 앉은 그대,

전능하신 분의 그늘 아래서 밤을 보내는 그대,

이렇게 아뢰어라. "**하나님**, 주님은 나의 피난처이십니다.
내가 주님을 신뢰하니 안전합니다!"
그렇다. 그분께서는 너를 함정에서 구하시고
치명적인 위험에서 지켜 주신다.
거대한 팔을 뻗어 너를 보호하신다.
그 팔 아래서 너는 더없이 안전하리라.
그분의 팔이 모든 불행을 막아 내신다.
아무것도 두려워하지 마라. 밤에 다니는 사나운 늑대,
낮에 날아드는 화살,
어둠 속을 배회하는 질병,
한낮에 일어나는 재난도.
많은 사람들이 도처에서 죽어 나가고
파리 떼처럼 우수수 떨어져도,
네게는 어떤 불행도 미치지 못하리라.
오히려 멀쩡한 상태로 먼발치에서 상황을 지켜보고
악인들이 주검으로 변해 가는 것을 바라볼 것이다.
하나님께서 너의 피난처가 되어 주시고
지극히 높으신 하나님께서 너의 안식처가 되어 주시니,
불행이 네 가까이 가지 못하고
재해가 네 집에 들이닥치지 못할 것이다.
그분이 천사들에게 명령하여
네가 어디로 가든지 지키게 하실 것이다.
네가 넘어지려고 할 때마다 그들이 잡아 줄 것이다.

그들의 임무는 너를 보호하는 것.
너는 아무 해도 입지 않고 사자와 뱀 사이를 누비며,
젊은 사자와 뱀을 걷어차 내쫓을 것이다.

14-16 **하나님**께서 말씀하신다. "네가 필사적으로 내게 매달
리면
내가 온갖 곤경에서 너를 구해 주리라.
네가 오직 나만 알고 신뢰하면
내가 너를 지극한 사랑으로 보살피리라.
나를 불러라. 내가 응답하겠고, 네가 고난당할 때 너와 함께
하며
너를 구해 내어 잔치를 베풀어 주리라.
네가 장수하여
오래도록 구원의 생수를 마시게 하리라!"

안식일에 부르는 노래

92
1-3 **하나님**, 주께 감사드리며 지극히 높으신 하
나님을
찬송하는 일, 얼마나 아름다운지요!
새벽마다 주님의 사랑을 선포하고
거문고와 하프,
장엄한 현악기 소리에 맞춰
주님의 성실하심을 밤새 노래합니다.

⁴⁻⁹ **하나님**, 주께서 나를 복되게 하셨으니
주께서 행하신 일을 보고 내가 기뻐 소리칩니다.
하나님, 주께서 행하신 일, 참으로 놀랍습니다!
주님의 생각은 참으로 깊습니다!
우둔한 자들은 주님의 일을 알지 못합니다.
어리석은 자들은 결코 그것을 깨닫지 못합니다.
악인들이 잡초처럼 일어나고
악한 남녀가 세상을 차지해도,
주께서 그들을 베어 넘어뜨리시고
단번에 끝장내십니다.
하나님, 주님은 지극히 높고 영원하신 분이십니다.
하나님, 주님의 원수들을 보소서!
주님의 원수들을 보소서. 모두 망했습니다!
악의 하수인들이 바람결에 모두 흩어졌습니다!

¹⁰⁻¹⁴ 그러나 주께서는 나를 돌진하는 들소처럼 강하게 하시고
축제 행렬로 영예롭게 해주셨습니다.
나를 책잡는 자들이 쓰러지던 모습,
나를 비방하는 자들이 도망치던 모습, 지금도 눈에 선합니다.
주께서 하신 약속의 음성, 내 귀에 가득합니다.
"선한 이들은 종려나무처럼 번성하고
레바논의 백향목처럼 우뚝 솟으리라.
내가 그들을 **하나님**의 안뜰에 옮겨 심었으니

하나님 앞에서 크게 자라리라.
늙어서도 늘 푸르며 진액이 넘치리라."

15 이것은 **하나님**의 정직하심을 보여주는 확실한 증거!
그분은 나의 산, 크고 거룩한 산!

93

1-2 **하나님**은 위엄을 두르시고 다스리시는 왕.
하나님은 위엄을 두르시고 능력을 떨치시는 분.

세계는 굳건히 서서 흔들림이 없고
주님의 보좌는 한결같이 견고하니, 주님은 영원하신 분!

3-4 **하나님**, 바다에 폭풍이 일어납니다.
폭풍이 사납게 으르댑니다.
폭풍에 우레 같은 파도가 일렁입니다.

사나운 폭풍보다 강하시고
폭풍이 일으킨 파도보다 강력하신 하나님,
엄위로우신 **하나님**이 높은 하늘에서 다스리십니다.

5 주님의 말씀은 그대로 이루어집니다. 늘 그러했습니다.
하나님, 아름다움과 거룩함이 주님의 궁전에 법도로 자리

잡으니,
마지막 때까지 그러할 것입니다.

94 ¹⁻² **하나님**, 악을 끝장내소서.
복수하시는 하나님, 주님의 진면목을 드러내소서!
세상의 심판자이신 하나님, 일어나소서.
거만한 자들을 엄벌에 처하소서.

³⁻⁴ **하나님**, 악인이 사람을 죽이고도 무사하다니
언제까지 이런 상황을 허락하시렵니까?
저들이 거드름 피우고 으스대며
자신들의 범행을 자랑스레 떠벌립니다!

⁵⁻⁷ **하나님**, 저들이 주님의 백성을 짓밟고
주님의 소중한 백성을 착취하고 학대합니다.
누구든지 거치적거리면 제거하고
쓸모가 없어지면 살해합니다.
저들은 말합니다. "**하나님**은 보지 않아.
야곱의 하나님은 점심 드시러 가셨어."

⁸⁻¹¹ 바보 천치들아, 다시 생각해 보아라.
너희는 언제 철이 들려느냐?

귀를 지으신 분께서 듣지 못하시겠느냐?
눈을 만드신 분께서 보지 못하시겠느냐?
민족들을 훈련시키는 분께서 벌하지 않으시겠느냐?
아담의 스승께서 모르실 것 같으냐?
하나님은 다 알고 계신다.
너희 어리석음을 아시고
너희 천박함도 알고 계신다.

12-15 **하나님**, 주께서 가르치시는 남자,
주께서 말씀으로 지도하시는 여자는 참으로 복됩니다.
악인을 수용할 감옥이 지어지는 동안 악이 소란을 떨어도,
저들을 평온으로 감싸 주시기 때문입니다.
하나님께서는 주님의 백성을 떠나지 않으시고
소중한 백성을 버리지 않으실 것입니다.
안심하여라. 정의가 제 길을 가고
마음 착한 이들 모두가 그 길을 따르리니.

16-19 누가 나를 위해 악인들에게 맞섰으며,
누가 내 편이 되어 악당에게 맞섰는가?
하나님이 아니셨으면
나는 살아남지 못했으리라.
"내가 미끄러져 넘어집니다" 말하는 순간,
주 **하나님**의 사랑이 나를 든든히 붙들었습니다.

내가 마음이 상하여 어쩔 줄 몰라 할 때,
주께서 나를 달래시고 위로해 주셨습니다.

20-23 악한이 주님과 어울릴 수 있겠으며,
말썽꾼이 주님의 편이 되려고 하겠습니까?
저들이 몰려가 선한 이들을 습격하고
무죄한 이들의 등 뒤에서 흉계를 꾸몄지만
하나님은 나의 은신처,
나의 숲 속 산장이 되어 주셨다.
저들의 악행을 저들에게 되돌리시고
저들을 쓸어버리셨다.
우리 **하나님**께서 저들을 영원히 쫓아내셨다.

95

1-2 다 와서, **하나님**께 큰소리로 노래 부르자.
우리를 구원하신 반석을 향해 환호성을 올려 드리자!
찬송을 부르며 그분 앞에 나아가자.
서까래가 들썩이도록 소리 높여 외치자!

3-5 **하나님**은 가장 높으신 분,
모든 신들보다 높으신 왕.
한 손으로는 깊은 굴과 동굴을,

다른 한 손으로는 높은 산들을 붙들고 계신 분.
그분께서 대양을 지으시고 그분의 소유 삼으셨다!
땅도 친히 조각하셨다!

6-7 다 와서, 경배드리자. 그분께 절하고
우리를 지으신 **하나님** 앞에 무릎 꿇자!
그분은 우리 하나님,
우리는 그분이 기르시는 백성, 그분이 먹이시는 양 떼.

7-11 모든 것 내려놓고 그분 말씀에 귀를 기울여라.
"쓰디쓴 반역의 때처럼,
광야 시험의 그날처럼 못 들은 체하지 마라.
그때에 너희 조상은 나를 시험했다.
사십 년 동안 그들 가운데서 일한 나를 보고도
거듭거듭 내 인내심을 시험했다.
나는 진노했다. 더 이상 참을 수 없었다!
'저들은 단 오 분도 하나님인 나에게 마음을 둘 수 없단 말
인가?
저들은 내 길로 가지 않기로 작정한 것인가?'
내가 노하여, 폭탄선언을 했다.
'저들은 목적지에 이르지 못할 것이다.
정착하여 안식하지 못할 것이다.'"

96 ¹⁻² 새 노래로 **하나님**께 노래하여라!
땅과 거기 사는 모든 이들아, 노래하여라!
하나님께 노래하며 예배하여라!

²⁻³ 바다 이 끝에서 저 끝까지 그분의 승리를 큰소리로 외쳐라.
패배자들에게 전하여라, 그분의 영광을!
모든 이들에게 전하여라, 그분의 기적을!

⁴⁻⁵ **하나님**은 위대하시니, 수천 번 찬양을 받아 마땅하신 분.
지극히 아름다운 그분 앞에서 신들은 싸구려 모조품,
이방인의 신들은 너덜거리는 누더기일 뿐.

⁵⁻⁶ **하나님**께서 하늘을 지으셨으니
그분에게서 왕의 광채가 뻗어 나오고,
그 권능의 아름다움, 비할 데 없도다.

⁷ **하나님**께 환호성을 올려라!
모두 큰소리로 외쳐라!
그 아름다움, 그 권능 앞에 두려워 떨어라.

⁸⁻⁹ 예물을 드리며 찬양하여라.
아름다우신 **하나님**께 몸을 굽혀라.
무릎 꿇고 모두 다 경배하여라!

¹⁰ 이 소식 널리 알려라. "하나님께서 다스리신다!
세상을 든든한 기초 위에 놓으시고
모든 이들을 공명정대하게 대하신다."

¹¹ 들어라, 하늘이 전하는 이 소식을.
함께하는 땅의 소리와
연이어 들리는 바다의 열광적인 박수소리를.

¹² 광야야, 기뻐 뛰어라.
동물들아, 와서 춤추어라.
숲의 모든 나무를 찬양대로 세워라.

¹³ **하나님**이 오실 때 그분 앞에서 화려한 공연을 펼쳐라.
그분께서 오시면 세상 모든 일을 바로잡으시리라.
모든 것 바로잡으시고, 모든 이들을 공정히 대하시리라.

97

¹ **하나님께서 다스리신다.** 큰소리로 외쳐라!
대륙들아, 섬들아, 어서 찬양하여라!

² 흰 구름과 먹구름이 그분을 둘러싸고,
공평과 정의 위에서 그분의 통치가 이루어진다.

³ 불이 주님 앞에서 환히 빛나니
험준한 바위산 꼭대기에서 타오른다.

⁴ 그분의 번개가 번쩍 세상을 비추니,
깜짝 놀란 땅이 두려워 떤다.

⁵ 산들이 하나님을 보고는
땅의 주님 앞에서 밀초처럼 녹아내린다.

⁶ 하늘이 선포한다, 하나님께서 모든 일을 바로잡으실 것임을.
그대로 되는 것을 모두가 보리니, 참으로 영광스럽구나!

⁷⁻⁸ 깎아 만든 신을 섬기는 모든 자들, 후회하리라.
누더기 신들을 자랑으로 여긴 것을!

너희 모든 신들아, 무릎 꿇고 주님께 경배하여라!
시온아, 귀 기울여 듣고 마음을 다잡아라!

시온의 딸들아, 열창하여라.
하나님께서 모두 이루셨다. 모든 일을 바로잡으셨다.

⁹ 하나님, 주께서는 온 우주의 하나님,
그 어떤 신들보다도 지극히 높으신 분이십니다.

¹⁰ 하나님께서 악을 미워하는 모든 이들을 사랑하시고
그분을 사랑하는 이들을 보호하시며,
악인의 손아귀에서 그들을 빼내 주신다.

¹¹ 하나님 백성의 영혼에는 빛의 씨앗이,
착한 마음 밭에는 기쁨의 씨앗이 뿌려진다.

¹² 하나님의 백성들아, **하나님**을 소리 높여 찬양하여라.
우리 거룩하신 하나님께 감사드려라!

98

¹ 새 노래로 **하나님**께 노래하여라.
그분께서 수많은 기적들로 세상을 만드셨다.

소매를 걷어붙이시고
모든 일을 바로잡으셨다.

² **하나님**께서 역사에 길이 남을 구원을 베푸시고
그분의 권능을 온 세상에 나타내셨다.

³ 그분께서 잊지 않으시고 우리를 사랑해 주셨다.
그분이 아끼시는 이스라엘에게, 지치지 않는 사랑을 베푸셨다.

온 세상이 주목한다.
보아라, 하나님의 구원 역사를!

⁴ 모두 다, **하나님**을 소리 높여 찬양하여라!
마음껏 노래하여라! 연주에 맞춰 노래하여라!

⁵ 관현악단을 이루어 **하나님**께 연주하여라.
일백 명의 합창단도 함께하여라.

⁶ 트럼펫과 큰 트롬본도 연주하여라.
세상을 가득 채우도록, 왕이신 **하나님**께 찬양하여라.

⁷ 바다와 그 속에 사는 물고기야, 박수갈채를 보내어라.
땅에 사는 모든 생물들도 참여하여라.

⁸ 대양의 파도야, 환호성을 올려라.
산들아, 화음으로 대미를 장식하여라.

⁹ **하나님**께 찬사를 드려라. 그분께서 오신다.
세상을 바로잡으러 오신다.

그분께서 온 세상을 올곧게 하시고
땅과 거기 사는 모든 이들을 바르게 하시리라.

99

¹⁻³ 하나님께서 다스리신다. 모두 깨어 있어라!
천사들 사이의 보좌에서 다스리시니, 주목하여라!
하나님이 시온에 위엄차게 나타나신다.
온갖 유명인사들 위로 영광스럽게 우뚝 서신다.
주님의 아름다우심, 놀랍고 놀랍습니다. 모든 이들이 주님
을 찬양하게 하소서!
거룩하시다. 참으로 거룩하시다.

⁴⁻⁵ 강하신 왕, 정의를 사랑하시는 분,
주께서 세상을 공명정대하게 밝히시고
야곱 안에 기초를 놓으시니,
정의와 공의의 주춧돌을 놓으셨습니다.
하나님 우리 하나님께 경의를 표하여라. 그분의 통치에 머
리를 숙여라!
거룩하시다. 참으로 거룩하시다.

⁶⁻⁹ 모세와 아론은 그분의 제사장,
사무엘은 그분께 기도하는 이들 가운데 한 사람.
그들이 하나님께 기도하니 그분께서 응답하셨다.
구름기둥에서 말씀하셨다.
그들이 그분의 말씀을 따르고, 그분의 법도를 모두 지켰다.
그러자 하나님 우리 하나님께서 그들에게 응답하셨다.
(그러나 주님, 저들의 죄는 너그럽게 넘기지 않으셨습니다.)

지극히 높으신 **하나님**, 우리 하나님을 높여 드려라.
그분의 거룩한 산에서 경배하여라.
거룩하시다. **하나님** 우리 하나님은 참으로 거룩하시다.

감사의 시

100

¹⁻² 모두 일어나 **하나님**께 박수갈채를!
웃음을 한 아름 안고
노래하며 그분 앞으로 나아가라.

³ 너희는 알아 두어라, 주께서 **하나님**이심을.
우리가 그분을 만든 것이 아니요, 그분께서 우리를 지으셨다.
우리는 그분의 백성, 그분이 보살피시는 양 떼.

⁴ 그분의 성문에 들어갈 때 잊어서는 안될 말, "감사합니다!"
마음을 편히 하고, 찬양을 드려라.
그분께 감사드려라. 그분께 경배하여라.

⁵ **하나님**은 한없이 아름다우신 분,
넘치도록 사랑을 베푸시는 분,
언제나, 영원토록 성실하신 분.

다윗의 시

101

1-8 나의 주제가는 하나님의 사랑과 정의.
하나님, 내가 주님을 위해 그 노래를 부릅니다.
올바르게 사는 길을 따라갑니다.
주님, 얼마나 더 있어야 나타나시렵니까?
내가 최선을 다해 올바른 길을 추구하고
집에서도 그러하니, 그것이 참으로 중요하기 때문입니다.
타락한 자들과 저급한 일,
거들떠보지 않습니다.
가나안산 신들을 물리치고
더러운 것을 멀리합니다.
마음이 비뚤어진 자들과 거리를 두고,
흉계를 꾸미는 자들과 손잡지 않습니다.
이웃을 헐뜯는 험담꾼에게
재갈을 물리고,
거만한 자를
두고 보지 않습니다.
세상의 소금 같은 이들을 눈여겨보리니,
그들이야말로 내가 함께 일하고 싶은 사람들입니다.
좁지만 바른 길을 걷는 사람,
내가 가까이하고 싶은 이들입니다.
거짓말을 일삼는 자는 나와 함께하지 못하리니,
거짓말쟁이들을 내가 참지 못하기 때문입니다.

내가 모든 악인들을 가축처럼 몰아
나라 밖으로 쫓아냈습니다.
악행을 업으로 삼는 자들을
하나님의 도성에서 모조리 추방했습니다.

삶이 산산조각 난 사람이 하나님께 어려운 형편을 토로하는 기도

102
1-2 하나님, 들으소서! 내 기도를 들어주소서.
괴로워 부르짖는 소리에 귀 기울여 주소서.
주님을 간절히 필요로 할 때
나를 못 본 체하지 마소서.
귀 기울이소서! 이렇게 부르짖으니, 도와주소서!
서두르소서. 한시가 급합니다!

3-11 야윌 대로 야윈 이 몸,
온몸이 불덩이 같습니다.
건강할 때의 모습은 찾아볼 수 없고
불치병으로 거반 죽은 목숨이 되었습니다.
이를 악물어 턱이 아프고
뼈와 가죽만 남았습니다.
나는 사막의 말똥가리처럼
폐허의 까마귀처럼 되었습니다.
도랑에 빠진 참새처럼
잠 못 이루고 처량하게 주절거립니다.

온종일 내 원수들이 나를 비웃고
주변 사람들은 저주를 쏟아 냅니다.
저들이 가져오는 음식은 재를 섞은 볶음밥!
내가 마시는 물은 내 눈물샘에서 길어 올린 것입니다.
이 모든 것이 주님의 진노 때문이며,
주께서 나를 쓸어 담아 내던지신 까닭입니다.
나에게는 아무것도 남아 있지 않습니다.
나는 길바닥에서 쓸려 없어질 마른 잡초일 뿐.

12-17 그러나 하나님, 주께서는 여전히 통치하시고
언제나, 영원토록 다스리십니다.
주께서 보좌에서 일어나 시온을 도우시리니
긍휼히 여기실 때가 되었기 때문입니다.
오, 주님의 종들이 이 도성에 쌓인 돌무더기를 애지중지하고
그 먼지를 보며 가슴 아파 웁니다!
이방 민족들이 자세를 바로 하고
주님의 영광을 보며 주님의 이름을 경배할 것입니다.
하나님께서 시온을 다시 세우시고
모든 영광 가운데 나타나셔서
불쌍한 이들의 기도를 들어주실 때에,
주께서는 그들의 기도를 내치지 않으실 것입니다.

18-22 다음 세대를 위해 이 일을 기록하여

아직 태어나지 않은 백성이 하나님을 찬양하게 하여라.
"**하나님**께서 드높은 성소에서 굽어보시고,
하늘에서 땅을 살펴보셨다.
사형수들의 신음소리를 들으시고
감방 문을 열어 주셨다."
이 이야기가 시온에 전해질 수 있게 기록하여
하나님을 찬양하는 소리가 예루살렘 거리에 울려 퍼지게 하
여라.
백성과 통치자들이 그분을 섬기러 모이는 곳이면
어디서나 울려 퍼지게 하여라.

23-28 **하나님**께서 강한 능력으로 나를 무릎 꿇게 하시고
한창때의 나를 꺾으셨으므로,
내가 기도드렸다. "오, 부디 나를 죽이지 마소서.
주님의 햇수는 대대로 무궁합니다!
주께서는 오래전에 땅의 기초를 놓으시고
친히 하늘을 지으셨습니다.
그것들이 다 사라지고 한 벌의 낡은 옷처럼 닳아 없어진다
고 해도
주님은 변함없이 계실 것입니다.
그것들은 해어진 외투처럼 버려지겠지만
주님은 세월이 흘러도 늘 새로우십니다.
주님의 종들의 자녀는 살기 좋은 곳을 얻고

그들의 자손도 주님과 함께 편안히 살게 될 것입니다."

다윗의 시

103

¹⁻² 내 영혼아, 하나님을 찬양하여라.
머리부터 발끝까지, 그분의 거룩하신 이름
을 찬양하여라!
오 내 영혼아, **하나님**을 찬양하고
그분께서 주신 복을 하나도 잊지 마라!

³⁻⁵ 주께서 네 모든 죄 용서하시고
네 모든 병 고쳐 주신다.
너를 파멸에서 건지시고, 네 생명 구원하신다!
사랑과 긍휼로 네게 관을 씌워 주신다, 낙원의 화관을.
너를 친절과 영원한 아름다움으로 감싸시고
네 젊음을 새롭게 하시니, 언제나 그분 앞에서 청춘이리라.

⁶⁻¹⁸ **하나님**은 모든 일을 공의롭게 행하시고
피해자들을 다시 일으켜 세우신다.
그분께서 어떻게 일하시는지 모세에게 보여주시고
그분의 계획을 온 이스라엘에 알리셨다.
하나님은 한없이 자비롭고 은혜로우시며
쉽사리 노하지 않으시고 사랑이 풍성하시다.
두고두고 꾸짖지 아니하시며

노를 오래 품지 않으신다.
우리 죄를 그대로 묻지 않으시고
우리가 잘못한 대로 다 갚지 않으신다.
하늘이 땅에서 드높은 것처럼
하나님의 사랑은 그분을 경외하는 이들에게 확고하다.
해 뜨는 곳이 해 지는 곳에서 아주 먼 것처럼
우리를 우리 죄에서 멀리 떼어 놓으셨다.
부모가 자식을 가엾게 여기듯
하나님께서도 그분을 경외하는 이들을 가엾게 여기신다.
우리를 속속들이 아시고
우리가 진흙으로 지어졌음을 기억하시는 분.
인생의 날수가 그리 길지 않으니,
들꽃처럼 싹터 꽃을 피워도
폭풍에 순식간에 꺾여
우리의 존재를 알릴 흔적조차 남지 않는다.
그러나 **하나님**의 사랑은 한결같고
그분을 경외하는 모든 이들 곁에 영원히 머무른다.
그들과 그 자손들이 하나님과 맺은 언약을 지키고
그분의 말씀 잊지 않고 따를 때
하나님께서 모든 일을 바로잡아 주신다.

19-22 **하나님**은 하늘에 보좌를 두시고,
우리 모두를 다스리신다. 그분은 왕이시다!

너희 천사들아, **하나님**을 찬양하여라.
그분께서 부르시면 언제든지 달려가
그 말씀 듣고 신속히 실행에 옮겨라.
너희 천사 부대야, **하나님**을 찬양하여라.
정신 바짝 차리고 그분의 뜻에 복종하여라.
모든 피조물들아, 어디에 있든지 **하나님**을 찬양하여라.
하나님께 지음받은 만물들과 모든 이들아, 그분을 찬양하여라.

오 내 영혼아, **하나님**을 찬양하여라!

104 ¹⁻¹⁴ 내 영혼아, **하나님**을 찬양하여라!

하나님 나의 하나님, 주님은 참으로 위대하십니다!
아름답고 멋지게 차려입으시고
햇빛을 두르시니,
온 하늘을 펼쳐 주님의 천막이 되게 하셨습니다.
깊은 바다 위에 주님의 궁궐 세우시고
구름으로 병거를 만드시며 바람 날개를 타고 다니셨습니다.
바람을 심부름꾼으로 삼으시고
불과 화염을 대사로 임명하셨습니다.
확고한 기초 위에 땅을 놓으셔서
영원토록 흔들리지 않게 하셨습니다.

땅을 대양으로 덮으시고
산들을 깊은 물로 덮으셨습니다.
주께서 호령하시니 물이 달아나고
주님의 천둥소리에 줄행랑을 쳤습니다.
주께서 지정하신 자리로
산들이 솟아오르고, 골짜기들이 벌어졌습니다.
땅과 바다 사이에 경계를 정하여
다시는 땅이 잠기지 않게 하셨습니다.
샘이 솟고 강을 이루게 하셔서
언덕과 언덕 사이로 흐르게 하셨습니다.
이제 모든 들짐승이 마음껏 마시고
야생나귀들도 갈증을 풉니다.
강기슭을 따라 새들이 둥지를 틀고
까마귀들이 우짖습니다.
주께서 하늘 수조에서 물을 끌어와 산에 대시니,
땅이 풍부한 물을 공급받습니다.
주께서 가축들을 위해 풀이 나게 하시고
밭 가는 짐승들을 위해 건초용 풀이 자라게 하십니다.

14-23 참으로 그렇습니다. 주께서는 땅에서 알곡을 내시고
포도주로 사람들을 행복하게 하십니다.
그들의 얼굴에 건강이 넘치게 하시고
풍족히 먹여 배부르게 하십니다.

하나님의 나무들이 물을 충분히 공급받으니
친히 심으신 레바논 백향목입니다.
거기에 새들이 깃듭니다.
나무 꼭대기에 둥지 튼 황새를 보십시오.
산양들이 절벽을 타고
오소리들은 바위 사이에 은신합니다.
달은 계절의 진로를 기억하고
해는 낮을 지배합니다.
어두워져 밤이 되면
숲의 온갖 생물들이 나옵니다.
젊은 사자들이 먹잇감을 찾아 으르렁대며
하나님께 저녁거리 구하다가,
해가 뜨면 제 굴로 물러가서
늘어지게 눕습니다.
그 사이 사람들은 일하러 가고
저녁까지 분주하게 몸을 움직입니다.

24-30 **하나님**, 참으로 멋진 세상입니다!
주님 곁에 두신 지혜로 그 모든 것을 만드시고
주님의 아름다운 것들로 땅이 가득 차게 하셨습니다.
오, 보소서. 깊고 넓은 바다에
정어리와 상어와 연어,
셀 수 없이 많은 물고기들이 헤엄쳐 다닙니다.

배들이 바다를 가르며 달리고
주께서 아끼시는 용 리워야단이 그 속에서 뛰어놉니다.
모든 생물들이 제때 먹이 주시기를 바라며
주님을 바라봅니다.
주께서 오시면 그들이 모여들고
주께서 손을 펴시면 그들이 받아먹습니다.
그러다가 주께서 등을 돌리시면
그들은 금세 죽고 맙니다.
주님의 영을 거두시면 그들은 죽어
본래의 진흙 상태로 돌아갑니다.
주께서 영을 보내시면 그들의 생명이 활짝 피어납니다.
온 땅이 만개한 생명으로 가득해집니다.

31-32 **하나님**의 영광, 영원히 이어지게 하소서!
친히 만드신 것, **하나님**의 기쁨 되소서!
주께서 땅을 한 번 굽어보시니 지진이 일어나고
손가락으로 산을 가리키시니 화산이 분출한다.

33-35 오, 내 평생 **하나님**께 노래하리라.
나 사는 동안 나의 하나님을 찬양하리라!
오, 내 노래 주께서 기뻐하시기를.
하나님께 노래하는 것, 얼마나 기쁜 일인가.
그러나 죄인들은 이 땅에서 없애 주소서.

사악한 자들이 더 이상 붙어 있지 못하게 하소서.

오 내 영혼아, 하나님을 찬양하여라!

105 ¹⁻⁶ 할렐루야!

하나님께 감사드려라! 그 이름 부르며 기도하여라!
만나는 모든 이들에게 그분이 행하신 일을 알려라!
그분 위해 노래하여라. 힘차게 찬양하여라.
그분의 기적들을 음악에 실어라!
하나님을 찾는 너희들아, 그 거룩하신 이름에
할렐루야로 경의를 표하여라. 행복하게 살아라!
눈을 열어 하나님을 찾고, 주님의 일을 주목하여라.
그분 임재의 징후들을 주시하여라.
그분께서 행하신 세상의 놀라운 일들,
많은 기적과 친히 내리신 판결들을 기억하여라.
그분의 종 아브라함의 자손들아,
오, 그분께서 택하신 야곱의 자녀들아.

⁷⁻¹⁵ 그분은 바로 하나님 우리 하나님,
온 세상을 다스리시는 분.
친히 맺으신 언약을 잊지 않고 기억하시니,

천 대에 이르도록 한결같이 그 약속 지키신다.

그것은 아브라함과 맺으신 언약,

이삭에게 하신 맹세,

야곱에게 세우신 법도,

이스라엘과 맺으신 영원한 언약.

그 내용은 이러하다. "내가 너희에게 가나안 땅을 주겠다.

이 산지는 내가 너희에게 물려주는 유산이다."

그들이 보잘것없는 무리

한 줌에 불과한 나그네로

이 나라에서 저 나라로 떠돌며

정처 없이 헤맬 때,

주께서 아무도 그들을 학대하지 못하게 하시고

그들에게 손대지 말라, 왕들에게 말씀하셨다.

"내가 기름부은 이들을 건드리지 말고

내 예언자들의 머리카락 한 올도 다치게 하지 마라."

16-22 이후 그분께서 땅에 기근을 불러들이시고

마지막 밀 이삭까지 꺾으셨다.

그러나 한 사람을 앞서 보내셨으니,

종으로 팔려 간 요셉이었다.

사람들이 무자비한 족쇄를 그의 발목에 채우고

쇠틀을 그의 목에 채웠다.

그러다 하나님의 말씀이 마침내 바로에게 임하고

하나님께서 약속을 확증해 주셨다.
왕을 보내어 그를 석방시키시니,
바로가 요셉을 자유의 몸이 되게 하였다.
바로는 요셉을 왕궁의 책임자로 임명하고
모든 국무를 맡겼다.
신하들을 직접 가르치게 하고
왕의 고문들을 훈련시켜 지혜를 얻게 했다.

23-42 그때에 이스라엘이 이집트로 들어가고
야곱이 함의 땅으로 이주했다.
하나님께서 그분의 백성에게 많은 아기들을 허락하시니,
이내 그들의 수가 불어나 그 대적들을 불안하게 했다.
주께서 이집트 사람들이 그분의 백성을 미워하게 하시니
그들이 하나님의 종들을 학대하고 기만했다.
그때에 주께서 자기 종 모세와
친히 택하신 아론을 보내시니,
두 사람은 저 영적 황무지에서 이적들을,
함의 땅에서 기적들을 일으켰다.
하나님께서 "어둠!" 하고 말씀하시자 세상이 어두워졌고,
이집트 사람들은 아무것도 볼 수 없었다.
그분께서 그들의 물을 모두 피로 바꾸시니
그들의 물고기가 다 죽었다.
개구리 떼가 온 땅에 들끓게 하시고

왕의 침실에까지 뛰어들게 하셨다.
주께서 말씀하시자 파리 떼가 모여들었고
이가 온 땅을 덮쳤다.
비 대신 우박을 내리시고
번개로 저들의 땅을 치시니,
그들의 포도나무와 무화과나무가 모두 상하고
그들의 숲에 있는 나무들이 산산조각 났다.
말씀 한 마디로 메뚜기 떼를 불러들이시니,
수백만 마리 메뚜기 군대가 몰려와
온 나라의 풀이란 풀은 모조리 먹어 치우고
땅의 산물을 말끔히 해치웠다.
주께서 그 땅의 모든 맏아들,
그들의 첫 소생들을 치셨다.
이스라엘은 전리품을 가득 안고 그 땅을 나왔다.
주님의 지파 가운데 어느 누구도 비틀거리지 않았다.
이집트 사람들은 그들을 죽을 만치 두려워한 나머지,
그들이 떠나는 것을 기뻐했다.
하나님께서 낮에는 구름을 펼쳐 그들을 시원하게 해주셨고
밤에는 불로 그들의 길을 밝혀 주셨다.
그들이 기도하자 메추라기를 몰아다 주시고
하늘의 빵으로 그들을 배부르게 먹이셨다.
반석을 열어서 물을 흘려보내시니,
사막에 강물이 흐르듯 생수가 쏟아졌다.

이 모두가 주께서 자신의 언약,
그분의 종 아브라함에게 하신 약속을 기억하셨기 때문이다.

43-45 이것을 기억하여라!
주께서 그분의 백성을 이끌어 내시고 기뻐 노래하게 하셨다.
친히 택하신 백성이 심장이 터지도록 노래하며 행진했다!
그들이 들어간 땅을 선물로 주시고
민족들의 부를 그들이 거머쥐게 하셨으니,
주께서 말씀하신 모든 것을 그들이 행하고
직접 주신 그분의 법도를 따르게 하시려는 것이었다.

할렐루야!

106
1-3 할렐루야!
하나님께 감사하여라!
그분은 선하시고, 그분의 사랑 영원하다.
하나님께서 능력으로 행하신 일을 누가 다 알릴 수 있으며,
그분을 찬양하는 소리 누가 다 옮길 수 있으랴?
옳은 일을 행하는 그대는 복된 남자,
정의가 몸에 밴 그대는 복된 여자.

4-5 **하나님,** 주님의 백성을 기뻐하실 때 나를 기억하시고

그들을 구원하실 때 나도 구원해 주소서.
주께서 택하신 이들이 잘되는 것을 보며
나도 주님 나라의 기쁨을 함께 기뻐하기 원합니다.
주님의 자랑과 기쁨이 되는 이들의 찬양에 동참하고 싶습니다!

6-12 조상들처럼 우리도 많은 죄를 지었고
빗나갔으며, 많은 이들에게 해를 끼쳤습니다.
우리 조상들이 이집트를 떠난 후에
주님의 이적들을 당연하게 여기고
주님의 크고 놀라우신 사랑을 잊고 말았습니다.
지극히 높으신 하나님께 거역하다가
홍해를 건너지 못할 뻔했습니다.
그러나 주께서 그곳에서 그들을 구원하셨습니다.
주께서 놀라운 권능을 나타내셨다!
홍해를 꾸짖어 물이 그 자리에서 마르게 하시니,
그들이 바다를 거침없이 행진했다!
아무도 발이 젖지 않았다!
주께서 고된 노예살이에서 그들을 구원하시고
원수의 손아귀에서 그들을 풀어 주셨다.
물이 그들을 뒤쫓던 압제자들을 휩쓸어
한 사람도 살아남지 못했다.
그제야 그들은 하나님의 말씀이 참됨을 믿고
찬양의 노래를 크게 불렀다.

13-18 그러나 그들은 금세 모든 것을 잊었고
주께서 할 일을 말씀하실 때까지 기다리지 않았다.
사막에서 자기만족을 얻는 데만 마음 쓰고
줄기차게 요구하면서, 주님을 노엽게 했다.
주님은 그들이 요구하는 대로 다 주셨지만,
그들의 마음 또한 무기력하게 하셨다.
진영에서 몇 사람이 모세를 시기하고
하나님의 거룩한 제사장 아론까지 시기하던 어느 날,
땅이 입을 벌려 다단을 삼키고
아비람 일당을 묻어 버렸다.
또 거기서 불이 타올라 그 반역자 무리를
모두 살라 버렸다.

19-22 그들은 호렙에서 금속으로 송아지 형상을 부어 만들고
자기들이 만든 그 상에 경배했다.
하나님의 영광을 싸구려 조각품, 풀이나 뜯는 황소상과 바
꿔 버렸다!
그들은 자신들을 구원하신 하나님을 잊어버렸다.
이집트에서 모든 일을 역전시키신 분,
함의 땅에서 연출하신 그분의 수많은 기적들,
홍해에서 펼치신 멋진 역사를.

23-27 하나님은 더 이상 참지 못하시고

그들을 제거하기로 마음먹으셨다.
친히 택하신 모세만 아니었다면 그리하셨으리라.
그러나 모세가 몸을 던져 하나님의 진노를 돌리고
그들의 전멸을 막았다.
그들은 복 받은 그 땅을 계속 거절하면서
하나님의 약속을 믿지 않았다.
자신들의 생활수준에 대해 불평하면서
하나님의 음성을 들으려 하지 않았다.
이에 크게 노하신 하나님께서 맹세하셨다.
그들을 사막에서 거꾸러지게 하고
그들의 자손을 여기저기에 흩어지게 하며,
온 땅 사방으로 쫓겨 다니게 하시겠다고.

28-31 또 그들은 바알브올과 죽이 맞아
장례 잔치에 참석하여 우상에게 바친 음식을 먹었다.
그 행위로 하나님을 진노케 하여
그들의 진영 가운데 전염병이 퍼졌다.
그때 비느하스가 일어나 그들을 행동으로 변호하자,
전염병이 그쳤다.
이 일은 비느하스의 의로 인정되었으니,
그의 후손들이 결코 잊지 않을 것이다.

32-33 그들은 므리바 샘에서 다시 하나님을 진노케 했고,

이번에는 모세까지 그들의 악행에 말려들었다.
그들이 또다시 **하나님**께 거역하자
모세가 자제력을 잃고 폭발하고 만 것이다.

³⁴⁻³⁹ 그들은 **하나님**의 명령대로
이방 문화를 없애기는커녕,
오히려 이방인들과 혼인하고
이내 그들과 똑같이 되고 말았다.
그들의 우상에 경배하다가
그 우상의 덫에 걸리고 말았다.
아들과 딸들을
악신의 제단에 제물로 바치느라,
젖먹이의 목을 따고
여자아이와 남자아이를 살해했다.
그들의 젖먹이를 가나안 신들에게 바치니
그 젖먹이의 피가 그 땅을 더럽혔다.
어찌나 고약하게 살았던지, 높은 하늘에까지 악취가 진동했다.
그들은 창녀처럼 살았다.

⁴⁰⁻⁴³ **하나님**께서 노하시니 그 노가 들불처럼 타올라
그 백성을 그저 보고 있을 수가 없으셨다.
그들을 이방인들에게 넘기시고
그들을 미워하는 자들에게 지배받게 하셨다.

원수들은 그들의 삶을 고통스럽게 했고,
그들은 학대에 시달렸다.
하나님께서 몇 번이고 그들을 구해 주셨지만, 교훈을 얻지
못한 채
결국 자신들의 죄악 때문에 무너지고 말았다.

44-46 그러나 하나님께서 그들의 곤경을 보시고
도움을 구하는 그들의 부르짖음을 들으셨다.
그들과 맺으신 언약을 기억하시고
한없는 사랑으로 그들의 손을 잡아 주셨다.
그들을 사로잡아 간 자들이 보고 깜짝 놀랄 정도로
그들에게 긍휼을 베푸셨다.

47 **하나님** 우리 하나님, 우리를 구원하소서!
포로로 잡혀간 우리들을 모아 다시 돌아가게 하소서.
주님의 거룩한 이름에 감사하고
주님을 찬양하는 기쁨에 참여하게 하소서!

　하나님, 이스라엘의 하나님을 찬양하여라!
　지금, 그리고 영원토록 찬양하여라!
　오, 모든 백성은 아멘으로 화답하여라!
　할렐루야!

107

¹⁻³ 오, **하나님**께 감사하여라. 그분은 참으로
선하신 분!

그분의 사랑 끝이 없다.
하나님께 자유를 얻은 모든 이들아, 세상에 전하여라!
주께서 너희를 어떻게 압제에서 구해 내셨는지,
세계 곳곳에서, 사방에서, 오대양에서
너희를 어떻게 모아들이셨는지 알려라.

⁴⁻⁹ 너희 중 일부가 여러 해 동안 사막에서 헤맸으나
살기 좋은 곳을 찾지 못했다.
굶주림에 거반 죽고 갈증에 목이 타
비틀대며 쓰러지기 직전이었다.
그때에 절박한 상태에서 **하나님**께 부르짖자,
그분께서 때맞춰 너희를 구해 주셨다.
너희의 발을 멋진 길에 들여놓으시고
살기 좋은 곳에 곧장 이르게 하셨다.
하나님께 감사하여라. 놀라운 사랑 베푸시고
사랑하는 자녀에게 기적 같은 자비를 베푸셨다.
바싹 마른 목구멍에 물을 흠뻑 부어 주시고,
굶주려 허기진 이들에게 먹을 것을 넉넉히 주셨다.

¹⁰⁻¹⁶ 너희 중 일부가 어두운 감방에 갇히고
사정없이 감금된 것은,

너희가 하나님 말씀을 거역하고
지극히 높으신 하나님의 훈계를 저버린 탓이었다.
가혹한 판결에 너희 마음은 무거워지고
도와줄 사람 하나 보이지 않았다.
그때에 절박한 상태에서 **하나님**께 부르짖자,
그분께서 때맞춰 너희를 구해 주셨다.
어둡고 캄캄한 감방에서 너희를 끌어내셨다.
감옥문을 부수어 여시고 너희를 이끌어 내셨다.
하나님께 감사하여라. 놀라운 사랑 베푸시고
사랑하는 자녀에게 기적 같은 자비를 베푸셨다.
육중한 감옥문을 박살내시고
쇠창살을 성냥개비처럼 부러뜨리셨다!

17-22 너희 중 일부가 병에 걸린 것은 너희가 잘못 살고
너희 몸이 너희 죄의 영향을 받았기 때문이다.
너희는 음식을 보는 것마저 싫어하여
차라리 죽는 게 낫다고 여길 만큼 비참했다.
그때에 절박한 상태에서 **하나님**께 부르짖자,
그분께서 때맞춰 너희를 구해 주셨다.
말씀으로 너희를 고치시고
죽음의 절벽에서 너희를 구해 내셨다.
하나님께 감사하여라. 놀라운 사랑 베푸시고
사랑하는 자녀에게 기적 같은 자비를 베푸셨다.

감사의 제물 드리고 그분이 행하신 일을
세상에 전하여라. 그것을 크게 노래하여라!

23-32 너희 중 일부는 큰 배를 타고 출항했다.
머나먼 항구에서 장사하려고 바다로 나갔다.
바다에서 너희는 보았다, **하나님**께서 일하시는 광경을,
그분께서 얼마나 놀랍게 대양을 다루시는지를.
말씀 한 마디로 바람을 일으키시니
바다 폭풍이 일어나고 산더미 같은 파도가 치솟았다!
너희는 하늘 높이 솟아올랐다가 바다 밑바닥까지 떨어졌다.
심장이 내려앉아 말문이 막혔다.
너희는 팽이처럼 빙글빙글 돌고 술 취한 사람처럼 비틀거렸다.
정신이 하나도 없었다.
그때에 절박한 상태에서 **하나님**께 부르짖자,
그분께서 때맞춰 너희를 구해 주셨다.
바람을 진정시켜 작은 속삭임이 되게 하시고
큰 파도에 재갈을 물리셨다.
폭풍이 잠잠해지자 너희는 크게 기뻐했고
그분께서 너희를 항구로 안전하게 인도하셨다.
하나님께 감사하여라. 놀라운 사랑 베푸시고
사랑하는 자녀에게 기적 같은 자비를 베푸셨다.
백성이 모일 때 소리 높여 찬양하고
장로들이 모일 때 할렐루야를 외쳐라!

33-41 **하나님께서** 강을 황무지로
샘을 햇볕에 바짝 마른 흙밭으로 바꾸셨다.
향기로운 과수원을 소금 습지로 바꾸셨으니,
그것은 거기 사는 사람들의 악함 때문이었다.
그러다 그분께서 황무지를 맑은 저수지로,
건조한 땅을 물이 솟는 샘으로 바꾸셨다.
굶주린 이들을 데려오셔서 자리 잡게 하시니,
그들이 그곳으로 이사했다. 참으로 살기 좋은 곳이었다!
그들이 밭에 씨를 뿌리고 포도원을 일구어
풍작을 이루었다.
하나님이 복을 내리시니 그들이 크게 번성하고,
그들의 가축 떼도 주는 법이 없었다.
하나님이 제후들을 경멸하시며 내쫓으시니
학대와 악행과 고난이 줄어들었다.
그분께서 가난한 이들에게 안심하고 살 곳을 마련해 주시고
그 가족들을 양 떼처럼 살뜰히 보살펴 주셨다.

42-43 선한 이들이 이것을 보고 기뻐하고
악한 자들은 말문이 막혀 하던 일을 멈추었다.
너희가 참으로 지혜로우면 이 일을 되새기고
하나님의 깊은 사랑에 감사하게 되리라.

다윗의 기도

108
¹⁻² 하나님, 준비가 끝났습니다.
머리부터 발끝까지 단단히 준비했습니다.
이제 선율에 맞춰 주님을 노래하렵니다.
"깨어나라, 내 영혼아!
깨어나라, 하프야, 거문고야!
깨어나라, 너 잠꾸러기 태양아!"

³⁻⁶ 하나님, 내가 거리에서 소리 높여 주께 감사드리고
도시에서, 시골에서 주님을 찬양합니다.
주님의 사랑, 깊을수록 더 높이 이르고
모든 구름, 주님의 성실 드러내며 나부낍니다.
오 하나님, 하늘 높이 날아오르소서!
주님의 영광으로 온 땅을 덮으소서!
주께서 지극히 사랑하시는 백성을 위하여
손을 뻗어 나를 도우소서. 지금 바로 응답하소서!

⁷⁻⁹ 그때 하나님께서 거룩한 광채 속에서 말씀하셨습니다.
"내가 기쁨에 겨워
세겜을 선사하고
숙곳 골짜기를 선물로 주리라.
길르앗이 내 호주머니 속에 있고
므낫세도 그러하다.

에브라임은 나의 헬멧,

유다는 나의 망치.

모압은 세탁용 양동이,

내가 모압을 쓰러뜨려 바닥 걸레로 삼으리라.

에돔에게 침을 뱉고

블레셋 전역에 불벼락을 퍼부으리라."

10-11 누가 나를 치열한 싸움터로 데려가며,

누가 에돔에 이르는 길을 알려 주겠습니까?

하나님, 주께서 우리를 버리신 것은 아니겠지요?

우리 군대와 함께 나아가기를 거절하신 것은 아니겠지요?

12-13 우리를 도우셔서 이 힘든 임무 완수하게 하소서.

사람의 도움은 아무 쓸데가 없습니다.

하나님을 힘입어 우리가 최선을 다하리니,

주께서 적군을 완전히 때려눕히실 것이다.

다윗의 기도

109

1-5 나의 하나님, 내 찬양의 기도를

못 들은 체 마소서.

거짓말쟁이들이 나에게 욕설을 퍼붓고

거짓된 혀로 나를 개 떼처럼 잡으려 합니다.

크게 짖어 대며 적의를 드러내고

까닭 없이 내 뒤꿈치를 뭅니다!
내가 그들을 사랑했건만 그들은 나를 비방하고
내 기도를 죄악으로 취급합니다.
그들은 나의 선을 악으로 갚고
나의 사랑을 미움으로 갚습니다.

6-20 악인을 보내셔서, 나를 고소한 법관을 고소하게 하소서.
사탄을 급파하셔서 그를 기소하게 하소서.
그가 유죄 판결을 받게 하시고
그가 드리는 기도는 모두 죄가 되게 하소서.
그의 수명을 줄이시고
그의 일자리를 다른 사람에게 주소서.
그의 자식은 고아가 되게 하시고
그의 아내는 미망인의 상복을 입게 하소서.
그 자식들이 거리에서 구걸하는 신세가 되고
제 집에서 내쫓겨 노숙하게 하소서.
은행이 재산을 차압하여 다 털어가고
모르는 자들이 독수리처럼 덮쳐 남은 것 하나 없게 하소서.
주위에 그를 도와줄 자 없게 하시고
고아가 된 자식들의 처지를 살피는 자도 없게 하소서.
그의 족보가 끊어져
아무도 그의 이름을 기억하지 못하게 하소서.
그 아비의 죄악 기념비를 세우시고

그 어미의 이름도 거기에 기록되게 하소서.
그들의 죄는 **하나님** 앞에 영구히 기록되지만
그들은 완전히 잊히게 하소서.
그런 대접을 받아 마땅합니다. 그가 친절을 베풀기는커녕
고통받는 이들과 상심한 이들을 죽도록 괴롭힌 까닭입니다.
그가 저주하기를 몹시 좋아했으니
그 저주가 그에게 빗발치듯 내리게 하시고,
축복하기를 싫어했으니
축복이 그를 피해 멀리 달아나게 하소서.
그는 저주를 근사한 옷처럼 갖춰 입고,
저주를 마시고 저주에 흠뻑 젖었습니다.
그에게 저주의 옷을 선물하셔서
한 주 내내 그 옷만 걸치게 하소서!
나를 잡으려는 자들이 받을 것은 바로 이것,
하나님이 산사태처럼 쏟으시는 응분의 대가.

21-25 오 **하나님**, 나의 주님, 직접 나서 주소서.
주께서 능히 할 수 있으니, 나를 위해 기적을 일으키소서!
주님의 사랑 지극히 크시니 나를 여기서 건져 주소서!
나는 속수무책이요, 내 삶은 황폐합니다.
나는 스러져 소멸해 가고,
내 청춘도 가버려 겉늙었습니다.
굶주림으로 쇠약해져 일어설 힘도 없습니다.

내 몸은 **뼈**와 가죽만 남았습니다.
사람들이 내게 저속한 농담을 던집니다.
그들은 나를 보고 고개를 절레절레 흔듭니다.

²⁶⁻²⁹ **하나님** 나의 하나님, 나를 도우소서. 부디 나를 도우소서.
주님의 놀라우신 사랑으로 나를 구원하소서.
그들이 알게 하소서. 주님의 손이 이곳에 계심을,
주 **하나님**께서 일하고 계심을.
그들이 제멋대로 저주하게 내버려 두시고
주님은 내게 복을 내려 주소서.
그들이 일어설 때 군중의 야유를 받게 하시고
주님의 종인 나에게는 갈채가 따르게 하소서.
나를 고발하는 자들에게 수치로 더러워진 옷을 입히소서.
낡아서 내다 버린 굴욕적인 누더기를 입히소서.

³⁰⁻³¹ 내 입에 **하나님**께 드리는 멋진 찬양 가득하고
내가 군중에 둘러싸여 그분께 할렐루야 노래하리라.
주께서는 늘 가련한 이들의 편이 되시고
불의한 법관에게서 목숨을 구해 주신다.

다윗의 기도

110

¹⁻³ 내 주께 내리신 **하나님** 말씀.
　"내가 네 원수들을 네 발판으로 삼을 때까지

너는 여기 내 보좌 곁에 앉아 있어라."
시온의 **하나님**께서 주께 강력한 왕권을 만들어 주셨으니,
원수들이 에워싸도 이제 다스리소서, 주님!
주님의 위대한 승전 날에,
거룩한 갑옷 입고 찬란히 빛나는 주께로
주님의 백성이 기쁘게 모여들 것입니다,
상쾌한 새벽녘에 생기 가득한 청년처럼
주께 나아갈 것입니다.

4-7 **하나님**께서 말씀하셨으니 돌이키지 않으실 것입니다.
왕께서는 영원한 제사장, 멜기세덱 제사장.
주께서 왕의 곁에 서서
무시무시한 진노로 왕들을 짓밟으시고,
뭇 나라들을 재판하여
대대적으로 유죄 판결을 내리시며,
드넓은 땅을 가로지르며 반대 세력을 짓밟으실 것입니다.
왕을 세우시는 분께서 왕을 즉위시키시니,
참되신 왕께서 머리를 높이 들고 다스리실 것입니다.

111

1-10 할렐루야!
내 모든 것으로 **하나님**께 감사하리라.
선한 이들이 모이는 곳마다, 그 회중 가운데서.

하나님이 행하신 일, 참으로 위대하니
평생토록 연구하고 끝없이 즐거워하리라!
장엄하고 아름다운 그분의 솜씨,
그분의 관대하심 다함이 없다.
하나님의 기적은 그분의 기념비.
그분은 은혜의 **하나님**, 사랑의 **하나님**.
그분을 경외하는 이들에게 양식을 주시고
오래전 하신 약속 잊지 않고 지키셨다.
말씀대로 하실 수 있음을 자기 백성에게 입증하시고,
뭇 민족들을 큰 접시에 담아 선물로 주셨다!
진실과 정의는 그분의 작품.
그 모든 것 영원토록 존속하니,
시대에 뒤지거나 쇠퇴하지 않으며, 결코 녹스는 법이 없다.
그분께서 지으시고 행하시는 것, 모두 진실하고 참되다.
자기 백성을 위하여 몸값을 지불하시고
친히 맺으신 언약을 영원히 지키셨다.
참으로 인격적이고 거룩하신 주님, 우리의 흠모받으시기에
합당하신 분.
선한 삶의 시작은 **하나님**을 경외하는 것,
그리하면 **하나님**의 복을 알게 되리라.
주께 드리는 할렐루야, 영원하리라!

112 할렐루야!

하나님을 경외하고,
그분의 계명을 기뻐하며 소중히 여기는 이들은 복이 있다.
그 자녀들은 땅에서 강건하고,
올곧은 이들의 가정도 그러하니, 참으로 복이 있다!
그들의 집에는 재물이 넘쳐
아무리 베풀어도 축나지 않는다.
선한 이들에게는 어둠 뚫고 해가 떠올라
하나님의 은혜와 긍휼과 정의를 비춘다!
선한 이들은 아낌없이 베풀고 넉넉히 꾸어 주니,
넘어지거나 비틀대는 일 없고
좋은 평판이 확고하여 사라지지 않는다.
소문과 험담에도 흔들리지 않고
순종의 마음으로 **하나님**을 신뢰한다.
마음이 굳세어 흐트러짐 없으며
늘 즐거워하며 원수들 사이에 있어도 편안하다.
그들은 불쌍한 이들에게 아낌없이 베풀고
너그러운 나눔은 길이길이 이어진다.
그 삶이여, 영예롭고 아름답구나!
악인은 이것을 보고 노발대발하며
엄포를 늘어놓지만, 결국 말문이 막히고 만다.
악인들의 꿈은 무위로 돌아가고 헛되이 사라질 뿐이다.

113

¹⁻³ 할렐루야!
하나님을 섬기는 너희들아, **하나님**을 찬양
하여라!
그분의 이름을 선포하여라, 그것이 바로 찬양이다!
하나님을 기억하여라, 그것이 바로 복이다.
오늘도 내일도 언제까지나 기억하여라.
동에서 서까지, 새벽부터 해 질 때까지,
너희 모두 찬양을 **하나님**께 올려 드려라!

⁴⁻⁹ **하나님**은 그 무엇이나 그 누구보다 높으시고,
하늘에 보이는 그 어떤 것보다 밝게 빛나신다.
누가 **하나님**, 우리 하나님과 견줄 수 있으랴?
더없이 위엄 있게 좌정하시고
드넓은 하늘과 땅을 굽어보신다.
가련한 이를 오물 더미에서 건져 내시고
버림받아 불쌍한 이를 쓰레기 더미에서 구해 내신다.
귀빈들 사이에 그들을 앉히시고
가장 똑똑하고 뛰어난 자들 가운데 영예의 자리를 마련해
주신다.
아이 없는 부부가 부모가 되게 하시고
여러 자녀를 기르는 기쁨을 주신다.
할렐루야!

114

¹⁻⁸ 이스라엘이 이집트를 떠날 때,
야곱의 집안이 저 야만족을 두고 떠나올 때,
유다는 하나님께 거룩한 땅이 되고
이스라엘은 그분께서 거룩하게 다스리시는 영토가 되었다.
바다는 그들을 보고 반대쪽으로 달아나고
요단 강은 몸을 돌려 도망쳤으며,
장난기가 동한 산들이 숫양처럼 뛰놀고
언덕들도 어린양처럼 들떠 뛰었다.
바다야, 네가 달아나다니, 무슨 일이냐?
요단 강아, 네가 몸을 돌려 도망치다니, 어찌 된 일이냐?
산들아, 너희는 어찌하여 숫양처럼 뛰놀았느냐?
언덕들아, 너희는 어찌하여 어린양처럼 들떠 뛰었느냐?
땅이여, 두려워 떨어라! 네 주님 앞,
야곱의 하나님 앞에서!
주께서 반석을 시원한 못으로,
바위를 맑은 샘물로 바꾸셨다.

115

¹⁻² **하나님**, 우리를 위해서가 아니라,
주님의 이름을 위해 주님의 영광 드러내소서.
주님의 자비로우신 사랑을 위해 그리하소서.
주님의 성실하심으로 인하여 그렇게 하소서.
이방 민족들이 "저들의 하나님이 어디에 있느냐?" 하고 말하지 못하게 하소서.

3-8 우리 하나님은 하늘에 계셔서
원하시는 일이면 무엇이든 이루신다.
저들의 우상은 금속과 나무,
지하 작업장에서 손으로 만든 것.
새긴 입이라 말하지 못하고
그린 눈이라 보지 못한다.
주석 입힌 귀라 듣지 못하고
부어 만든 코라 냄새 맡지 못한다.
손은 움켜쥐지 못하고, 발은 걷거나 달리지 못하며
목구멍은 소리 내지 못한다.
이런 것을 만든 자들, 그와 똑같이 되고
그들이 의지하는 우상들과 똑같은 처지가 되었다.

9-11 그러나 너 이스라엘아, **하나님**을 신뢰하여라!
그분은 너를 도우시는 분, 너를 다스리시는 분!
아론의 집안이여, **하나님**을 신뢰하여라!
그분은 너희를 도우시는 분, 너희를 다스리시는 분!
하나님을 경외하는 너희여, **하나님**을 신뢰하여라!
그분은 너희를 도우시는 분, 너희를 다스리시는 분!

12-16 오 **하나님**, 우리를 기억하셔서 복을 내려 주소서.

이스라엘 집안과 아론 집안에 복을 내려 주소서.
하나님을 경외하는 모든 이들에게 복을 내리시고
못난 자나 잘난 자 모두에게 복을 내려 주소서.
오, **하나님**께서 너희 집안을 일으키시고
너희를 번성시키시며, 너희 자손의 수를 늘려 주시기를.
너희는 **하나님**께 복을 받으리라,
하늘과 땅을 지으신 **하나님**께.
하늘의 하늘은 **하나님**의 것,
그분께서 맡기신 땅은 우리의 것.

17-18 죽은 사람은 **하나님**을 찬양할 수 없고
땅에 묻힌 자는 한 마디도 말할 수 없다.
그러나 우리는 **하나님**을 찬양하리라.
지금도 찬양하고, 늘 찬양하리라!
할렐루야!

116 1-6 **하나님**께서 내 말을 들으시고
자비를 구하는 내 간구를 들어주셨으니,
내가 그분을 사랑하는도다.
주님 앞에 나아와 내 사정 털어놓을 때,
귀를 기울여 들어주셨다.
죽음이 나를 정면으로 노려보고

저승이 내 뒤를 바싹 쫓을 때,
막다른 길에 이른 나, 어디로 갈지 몰라
하나님을 부르며 도움을 구했다.
"**하나님**, 간구합니다!
이 목숨을 구해 주소서!"
하나님은 은혜로우신 분, 모든 일을 바로잡아 주시는 분,
긍휼이 많으신 분.
의지할 데 없는 이들을 편들어 주시고
어찌할 바 모르는 나를 구원해 주셨다.

7-8 내가 속으로 말했다. "이제 마음 편히 쉬어라.
   하나님께서 네게 복을 쏟아부으셨으니.
   내 영혼아, 하나님이 너를 죽음에서 구하셨다.
   내 눈아, 하나님이 너를 눈물에서 건지셨다.
   내 발아, 하나님이 너를 넘어지지 않게 하셨다."

9-11 내가 **하나님** 앞에서 힘껏 걸으며
산 자들의 땅에서 살아가리라!
괴로움을 당하고
견디기 힘든 불행을 겪으면서,
인간에 대한 기대마저 무너져
"사람들은 다 거짓말쟁이에 사기꾼이다" 하면서도
나, 믿음을 굳게 지켰다.

¹²⁻¹⁹ **하나님**께서 내게 부어 주신 복을
무엇으로 갚을 수 있으랴?
내가 구원의 잔을 높이 들리라. **하나님**을 위하여 건배!
내가 **하나님**의 이름으로 기도하리라.
하나님께 약속한 대로,
그분의 백성과 함께 모두 이행하리라.
그들이 죽음의 문턱에 이를 때
하나님께서 자기를 사랑하는 이들을 맞아 주신다.
오 **하나님**, 주님의 충직한 종이 여기 있습니다.
주께서 일하셔서
이 몸, 자유케 되었습니다!
내가 주께 감사제를 드리며
하나님의 이름으로 기도합니다.
하나님께 약속한 대로,
그분의 백성과 함께 모두 이행하리라.
예배하는 자리에서, **하나님**의 집에서,
하나님의 도성, 예루살렘에서.
할렐루야!

117

¹⁻² 모두 **하나님**을 찬양하여라!
모든 백성들아, 박수 치며 **하나님**을 찬송하
여라!

그분의 사랑 우리 삶을 사로잡았으니,
하나님의 신실하심 영원하도다.
할렐루야!

118

¹⁻⁴ **하나님**께 감사하여라. 그분은 선하시고
그분의 사랑 끝이 없다.

이스라엘아, 세상을 향해 말하여라.
"그분의 사랑 끝이 없다."
너 아론 집안아, 세상을 향해 말하여라.
"그분의 사랑 끝이 없다."
하나님을 경외하는 너희도 함께 말하여라.
"그분의 사랑 끝이 없다."

⁵⁻¹⁶ 내가 고난을 당해 **하나님**을 불렀더니
탁 트인 곳에 계신 그분께서 응답하셨다.
하나님께서 내 편이시니 나는 두렵지 않다.
누가 감히 나를 건드리랴?
하나님께서 철통같이 보호하시니,
내가 원수들을 파리처럼 털어 버린다.
하나님께 몸을 피하는 것이
사람을 신뢰하는 것보다 훨씬 낫고,
하나님께 몸을 피하는 것이

유명인사들을 신뢰하는 것보다 훨씬 낫다.
야만족이 나를 에워쌌으나
내가 **하나님**의 이름으로 그들의 얼굴을 땅바닥에 처박았다.
빠져나갈 길 없이 나를 둘러쌌지만
내가 **하나님**의 이름으로 그들의 얼굴을 땅바닥에 처박았다.
벌 떼처럼, 대초원의 들불처럼 나를 에워쌌지만
내가 **하나님**의 이름으로 그들의 얼굴을 땅바닥에 처박았다.
나, 낭떠러지 끝에서 떨어질 뻔했으나
하나님께서 손을 뻗어 나를 붙들어 주셨다.
하나님은 나의 힘, 나의 노래,
나의 구원이시라.
구원받은 이들의 진영에서 울려 퍼지는
환호소리 들어라, 승리의 노래 들어라.
"**하나님**의 손이 전세를 역전시켰다!
승리를 거둔 **하나님**의 손이 공중에 번쩍 들렸다!
하나님의 손이 전세를 역전시켰다!"

¹⁷⁻²⁰ 나는 죽지 않았다. 나는 살았다!
이제 **하나님**께서 행하신 일을 세상에 알리리라.
하나님께서 나를 시험하시고 거세게 몰아세우셨지만,
죽음에 넘기지는 않으셨다.
성문을 활짝 열어라, 정의의 문을!
내가 그 문으로 곧장 걸어 들어가 **하나님**께 감사하리라!

이 성전 문은 **하나님**의 것이니,
승리자들이 들어가 찬양을 드린다.

21-25 나에게 응답하신 주님, 감사합니다.
주님은 참으로 나의 구원이 되셨습니다!
석공들이 흠 있는 것으로 여겨 내버린 돌이
이제 머릿돌이 되었다!
이것은 **하나님**께서 행하신 일,
눈을 씻고 보아도 신기할 따름이다!
이날은 **하나님**께서 행하신 날,
함께 기념하고 축제를 벌이세!
지금 구원하소서. **하나님**, 지금 구원하소서!
오 **하나님**, 자유롭고 충만한 삶을 주소서!

26-29 **하나님** 이름으로 들어오는 너희는 복이 있다.
우리가 **하나님**의 집에서 너희를 축복하노라!
하나님은 주님이시니,
우리를 빛 속에 잠기게 하셨다.
성소를 화환으로 꾸미고
형형색색의 깃발을 제단 위에 걸어라!
주님은 나의 하나님이시니, 주께 감사드립니다.
오 나의 하나님, 주님을 소리 높여 찬양합니다.
하나님께 감사하여라. 그분은 참으로 선하시고

그분의 사랑 끝이 없다!

119

¹⁻⁸ 정도를 벗어나지 않고
하나님이 알려 주신 길을 한결같이 걷는 사람은 복이 있다.
하나님의 지시를 따르고
최선을 다해 그분을 찾는 사람은 복이 있다.
그렇다. 이런 사람은 곁길로 새지 않고
주께서 내신 길을 똑바로 걸어간다.
하나님, 주께서는 바른 삶의 길을 정하시고
우리가 그 길을 따라 살기를 원하십니다.
오, 주께서 정해 주신 길을 따라
흔들림 없이 걸어갔더라면,
주님의 교훈에 미치지 못하여
내 삶을 후회할 일은 없었을 것을.
진심으로 따끔하게 말씀해 주시고
주님의 의로운 길을 본받게 하시니 감사드립니다.
주께서 말씀하신 대로 행하겠으니
나를 버리고 떠나지 마소서.

⁹⁻¹⁶ 어떻게 해야 젊은이가 깨끗하게 살 수 있습니까?

주님의 말씀의 지도를 꼼꼼히 살피고 따라가는 것입니다.
내가 일편단심 주님만 따라가리니,
주께서 세우신 길 위의 표지판을 놓치지 않게 하소서.
내 마음의 금고에 주님의 약속들을 예치해 놓았으니
내가 죄를 지어 파산하지 않기 위해서입니다.
하나님, 찬양을 받으소서.
지혜롭게 사는 길을 가르쳐 주소서.
주님의 입에서 나오는 모든 교훈을
내 입술로 되풀이하겠습니다.
내가 막대한 부를 축적하는 것보다
주께서 일러 주시는 삶의 교훈을 훨씬 더 즐거워합니다.
주께서 주신 지혜를 작은 조각까지 곱씹고
주께서 행하신 일을 주의 깊게 살핍니다.
주께서 인생에 대해 하신 말씀, 빠짐없이 음미하고
한 마디도 잊지 않겠습니다.

❧

17-24 나를 너그럽게 대해 주소서. 내가 충실한 삶을 살며
주님의 길에서 잠시도 눈을 떼지 않겠습니다.
내 눈을 열어 주셔서
주님의 놀라운 기적을 보게 하소서.
나는 이 땅에서 나그네에 불과하니
분명한 지침을 내려 주소서.

내 영혼은 허기지고 굶주렸습니다!
영양가 높은 주님의 계명들을 갈망합니다.
자기의 지식을 자랑하면서도
주님의 말씀을 무시하는 자들을 꾸짖으소서!
그들이 나를 놀리거나 욕보이지 못하게 하소서.
내가 주님의 말씀만 주의 깊게 실천합니다.
못된 이웃들이 나를 몹시 헐뜯어도
나는 주님의 지혜로운 훈계를 가슴 깊이 되새깁니다.
그렇습니다. 주님의 인생 교훈이 내게 기쁨이 되니
내가 좋은 이웃의 말처럼 귀담아듣습니다!

❧

25-32 끔찍합니다. 이보다 더 비참할 수 있겠습니까?
나를 다시 일으켜 주소서. 주께서 약속하신 것, 기억하시는
지요?
내 사정을 말씀드리자 주께서 응답해 주셨으니,
주님의 깊은 지혜로 나를 가르쳐 주소서.
그 내용을 속속들이 이해하게 도우셔서
주님의 놀라운 기적을 묵상하게 하소서.
이 서글픈 인생은 무너져 가는 헛간에 불과하니,
주님의 말씀으로 나를 다시 지어 주소서.
길 아닌 길은 막으시고,
주님의 분명한 계시로 은혜를 베풀어 주소서.

내가 목적지가 분명한 참된 길을 택하고
굽이마다, 모퉁이마다 주님의 도로 표지판을 세웁니다.
주께서 하신 모든 말씀 붙들고 하나도 놓지 않으니,
하나님, 나를 버리지 마소서!
나에게 방법을 알려 주시면
주께서 나를 위해 펼쳐 놓으신 길로 달려가겠습니다.

❦

33-40 **하나님**, 내게 인생의 교훈을 가르치셔서
내가 그 길을 끝까지 따라가게 하소서.
내게 통찰력을 주셔서 주님의 말씀대로 행하게 하시고,
내 모든 삶이 오랜 순종의 길이 되게 하소서.
주님의 계명의 길로 나를 인도하소서.
쭉 뻗은 그 길을 가는 것이 참으로 좋습니다!
탐욕 가득한 보화가 아니라
지혜로운 주님의 말씀을 사랑하게 하소서.
헛된 것들에서 눈길을 돌리게 하시고
먼 순례 길을 가는 내게 힘을 주소서.
주님을 경외하는 모든 사람에게 하신 약속,
그 약속의 말씀 내게도 이루어 주소서.
나를 비난하는 자들의 거친 말들을 면하게 하소서.
그러나 주께서 하시는 말씀은 언제나 좋습니다.
내가 주님의 교훈을 얼마나 사모하는지 보소서.

주님의 의로운 길을 따라가는 내 삶을 지켜 주소서!

❦

41-48 **하나님, 주께서 약속하신 대로**
주님의 사랑과 구원으로 내 삶을 빚으소서.
그러면 내가 주님의 말씀을 신뢰함으로
비웃음을 견딜 수 있겠습니다.
내가 주님의 계명들을 의지하니
내게서 결단코 진리를 거두지 마소서.
오, 주께서 내게 알려 주신 것, 목숨을 다해 지키겠습니다,
이제도 지키고, 앞으로도 길이길이 지키겠습니다.
탁 트인 곳을 성큼성큼 걸으며
주님의 진리와 주님의 지혜를 찾겠습니다.
그래서 내가 발견한 것을 세상에 전하며
사람들 앞에서 부끄러워하지 않고 담대히 외치겠습니다.
내가 주님의 계명을 소중히 간직합니다.
얼마나 사랑하는지, 주님의 계명에 흠뻑 빠져듭니다.

❦

49-56 주님의 종인 내게 하신 말씀을 기억하소서.
그 말씀을 내가 죽기 살기로 붙듭니다!
고난당할 때 그 말씀이 나를 붙들고
주님의 약속이 내 원기를 회복시켜 줍니다.

거만한 자들이 나를 무참히 조롱하여도
주님의 계시에서 조금도 벗어나지 않습니다.
오래전에 경계표로 주신 주님의 말씀을 확인하니,
내가 제대로 가고 있음을 알겠습니다.
그러나 주님의 지시를 무시하는 악인들을 보면
주체할 수 없이 분노가 끓어오릅니다.
주님의 가르침에 곡조를 붙이고
이 순례 길을 걸으며 노래합니다.
오 하나님, 밤새도록 주님의 이름을 묵상하며
주님의 계시를 보화인 듯 마음에 새깁니다.
여전히 내 가는 길에 비웃음이 빗발치니
내가 주님의 말씀과 교훈대로 살기 때문입니다.

❧

57-64 하나님, 주께서 나를 만족케 하셨으니
주님의 말씀대로 다 행하겠습니다.
진심으로 간구하니, 환한 얼굴빛 비추시고
약속하신 대로 내게 은혜를 베풀어 주소서.
주님의 길을 오랫동안 유심히 살펴보고
주께서 표시해 주신 방향으로 발길을 돌렸습니다.
내가 지체하지 않고 일어나
서둘러 주님의 명령을 따랐습니다.
악인들이 나를 에워싸 빠져나갈 길이 없었으나

나를 위해 세우신 주님의 계획을 한시도 잊지 않았습니다.
내가 한밤중에 일어나 주께 감사드립니다!
주님의 판단이 너무나 옳고 참되어, 아침까지 기다릴 수 없습니다!
나는 주님을 경외하는 모든 이들의 벗,
주님의 규례대로 사는 이들의 길동무입니다.
하나님, 주님의 사랑이 땅에 가득합니다!
주님의 교훈대로 살도록 나를 가르치소서.

❧

65-72 **하나님**, 주님의 종을 선대해 주소서.
주님의 말씀대로 잘 보살펴 주소서.
주님의 방식을 좇아 살기로 단단히 마음먹었으니,
건전한 상식으로 나를 가르치소서.
주님의 책망을 받아들이기 전, 나 이리저리 방황했지만
이제는 주님의 말씀에 보조를 맞춥니다.
주님은 선하시며 선의 근원이시니,
그 선하심으로 나를 가르치소서.
악인들이 나를 두고 거짓말을 퍼뜨려도
나는 주님 말씀에 주의를 기울입니다.
저들의 말은 비곗덩어리처럼 역겹지만
주님의 계시는 나를 춤추게 합니다.
나의 고난이 변하여 최선의 결과를 냈으니

내가 주님의 고난 교과서로 배우게 되었기 때문입니다.
나에게는 주님의 입에서 나오는 진리가
금광에서 찾은 금맥보다 더욱 귀합니다.

❧

73-80 주께서 두 손으로 나를 빚어 만드셨으니,
주님의 말씀을 이해하도록 내게 지혜를 불어넣으소서.
내가 주님의 말씀을 기다리고 사모하는 모습을 보고
주님을 경외하는 이들이 용기를 얻고 기뻐합니다.
하나님, 주님의 판단이 옳다는 것을 이제 알겠습니다.
무엇이 참되고 옳은지 주님의 시험을 통해 내가 배웠습니다.
오, 주께서 약속하신 대로 나를 사랑해 주소서.
바로 지금, 나를 꼭 붙들어 주소서!
나를 위로해 주소서. 그러면 내가 참으로 살겠습니다.
주님의 계시, 그 곡조에 맞춰 춤을 추겠습니다.
사기꾼의 달변이 거짓으로 드러나게 하소서.
저들이 나를 속이려 했으나
나는 주님의 교훈에 마음을 고정했습니다.
주님을 경외하는 이들이 내게로 와서
주님의 지혜로운 인도하심의 증거를 보게 하소서.
내 몸과 영혼이 온전하고 거룩하게 하셔서
내가 언제나 머리를 높이 들고 걸을 수 있게 하소서.

81-88 내가 주님의 구원을 간절히 바라다 병이 들었습니다.
주님이 주시는 희망의 말씀을 기다립니다.
주님의 약속이 이루어질 징조를 찾느라 내 눈이 피곤합니다.
주님의 위로를 언제까지 기다려야 합니까?
눈에 연기가 들어왔는지, 눈이 아른거리고 눈물이 납니다.
나는 주님의 가르침에서 한시도 눈을 떼지 않습니다.
이 상황을 얼마나 더 견뎌야 합니까?
얼마나 더 참아야 나를 괴롭히는 자들을 심판하시겠습니까?
교만한 자들은 하나님과 그 길을 알지 못하면서
나를 끌어내리려고 합니다.
주께서 명령하시는 것은 무엇이나 틀림없지만,
저들은 거짓말로 나를 괴롭힙니다. 도와주소서!
저들은 그칠 줄 모르고 나를 몰아붙이지만
내가 변함없이 주님의 교훈을 굳게 붙듭니다.
주님의 모든 말씀에 즉각 순종할 수 있도록
주님의 크신 사랑으로 나를 회복시켜 주소서.

89-96 **하나님,** 주님의 말씀은 하늘만큼 영원하고
굳건하게 그 자리를 지킵니다.
주님의 진리는 유행처럼 흘러가는 법이 없고,

해 뜰 때의 땅만큼이나 늘 새롭습니다.
주님의 말씀과 진리는 언제나 믿을 만하니
주께서 땅의 기초를 놓으신 것처럼, 그렇게 정하셨습니다.
주님의 계시가 내게 큰 기쁨이 되지 않았다면
고난이 닥쳤을 때 나는 포기하고 말았을 것입니다.
주께서 슬기로운 말씀으로 내 생명을 구하셨으니,
내가 주님의 교훈을 결코 잊지 않겠습니다.
나를 구원하소서! 나는 주님의 것입니다.
내가 두루 살피며 주님의 지혜로운 말씀을 찾습니다.
악인들이 매복한 채 나를 죽이려 하지만
내 마음은 온통 나를 위해 세우신 그 계획을 향합니다.
인간에게 속한 모든 것에는 한계가 있지만
주님의 계명을 담기에는 저 깊고 깊은 바다도 부족합니다!

97-104 오, 내가 주님의 모든 계시를 얼마나 사랑하는지요!
온종일 그것을 귀히 여겨 되새깁니다.
주님의 계명이 나를 원수들보다 돋보이게 하니,
주님의 계명은 시대에 뒤지는 법이 없습니다.
주님의 교훈을 숙고하고 내 것으로 삼았기에
내가 스승들보다 명석해졌습니다.
주님의 말씀대로 행했을 뿐인데,
내가 연로한 현자들보다 지혜롭게 되었습니다.

내가 발밑을 조심하여 악의 도랑과 패인 곳을 피하니
평생토록 주님의 말씀을 지키기 위함입니다.
주께서 정해 주신 길에서 내가 벗어나지 않으니
참으로 좋은 길을 내게 주셨기 때문입니다.
주님의 말씀이 어찌나 귀하고 맛있는지,
산해진미가 부럽지 않습니다.
주님의 가르침으로 인생을 이해하게 되었으니,
내가 거짓선동을 미워합니다.

❖

105-112 주님의 말씀, 나의 갈 바를 보여주고,
그 말씀, 내 어두운 길에 한 줄기 빛을 비춥니다.
이제껏 내가 주님의 의로운 규례대로 성심껏 살아왔고
앞으로도 그 삶에서 결코 돌이키지 않겠습니다.
하나님, 내 모든 것이 산산조각 났으니,
주님의 말씀으로 나를 온전히 짜 맞추어 주소서.
하나님, 주님의 순전한 말씀으로 나를 꾸미시고,
내게 주님의 거룩한 법도를 가르쳐 주소서.
세상 떠날 날이 아주 가까이 다가왔으나
나는 주님의 계시를 잊지 않습니다.
악인들이 나를 끌어내리려고 기를 쓰지만
나는 주님의 길에서 한 발자국도 벗어나지 않습니다.
주님의 인생 교과서를 물려받았으니, 그것은 영원토록 내 것!

실로 멋진 선물입니다. 그것이 있어 나는 참으로 행복합니다!
주님 말씀대로 행하는 일에 내가 온 마음을 기울이니,
늘 그래 왔고 앞으로도 그러할 것입니다.

❧

113-120 나는 겉 다르고 속 다른 자를 미워하지만
주님의 명쾌한 계시는 사랑합니다.
주님은 나의 은밀한 피난처이시니,
내가 바라는 것은, 주님의 말씀이 나를 새롭게 하는 것입니다.
악인들아, 내 인생에서 사라져라.
나는 내 하나님의 계명을 지킬 것이다.
약속하신 대로 내 편이 되어 주소서. 내가 확실히 살 것입니다.
주님, 나의 원대한 소망을 저버리지 마소서.
주님이 내 곁에 계시면 나는 아무 문제 없습니다.
주께서 정해 주신 삶에 충실하겠습니다.
주님의 가르침에서 멀어진 자들의 가면을 모조리 벗기소서.
예사로이 행하는 저들의 우상숭배가 극에 달했습니다.
주께서 세상의 악인들을 쓰레기 더미처럼 버리시니,
나는 주님의 모든 말씀을 즐거이 받듭니다.
내가 주님 앞에서 두려워 떱니다.
주님의 놀라우신 판결 앞에서 나는 할 말을 잃었습니다.

❖

121-128 내가 정의와 공의를 지지하였으니,
나를 억압자들의 손에 넘기지 마소서.
선하신 하나님, 주님의 종을 편들어 주시고
오만한 자들이 괴롭히지 못하게 하소서.
모든 것 바로잡아 주신다는 주님 약속 기다리다 지쳐서
더 이상 눈조차 뜨지 못할 지경이 되었습니다.
주님의 인자하심에 따라 나를 대해 주시고,
주님의 인생 교과서로 나를 가르치소서.
나는 주님의 종입니다.
주님의 가르침을 알 수 있도록 나를 깨우쳐 주소서.
하나님, 저들이 주님의 계시를 어지럽혔으니,
이제 나서실 때가 되었습니다!
참된 것만 말씀하시는 하나님, 내가 주님의 계명을 금보다도
보석보다도 사랑합니다.
참된 것만 말씀하시는 하나님, 내가 주님의 모든 말씀 귀히
여기고
모든 거짓된 굽은 길을 미워합니다.

❖

129-136 내게 주시는 주님의 말씀은 모두 기적의 말씀,
어찌 내가 따르지 않겠습니까?

주님의 말씀 활짝 펼쳐 빛을 내시고
평범한 사람들도 그 의미를 깨닫게 하소서.
무엇보다 주님의 계명을 원하기에,
내가 입을 벌리고 갈망합니다.
주님을 사모하는 이들에게 늘 하시는 것처럼
나에게 눈길을 돌리시고 그윽이 바라보소서.
주님 약속의 말씀으로 내 발걸음 굳게 세우셔서
어떤 악도 나를 이기지 못하게 하소서.
악인들의 손아귀에서 나를 구하시고
주님의 길을 따라 살게 하소서.
환한 얼굴빛 종에게 비추시고,
내게 바르게 사는 길을 가르쳐 주소서.
주님의 책에 기록된 대로 사는 자 없으니
내 눈에서 눈물이 하염없이 흘러내립니다!

❧

137-144 **하나님**, 주님은 공의로우시고 옳은 일만 하십니다.
주님의 판단은 정곡을 찌릅니다.
주님 앞에서 언제나 신실하게 사는 법을
주님은 우리에게 제대로 가르쳐 주십니다.
내 원수들이 주님의 계명을 끊임없이 무시하니
내가 그 모습에 무너질 뻔했습니다.
주님의 약속은 숱한 시험을 통과했기에

주님의 종인 이 몸, 그것을 지극히 사랑합니다.
나는 어리고 별 볼 일 없는 사람이지만
주께서 하신 말씀만은 잊지 않습니다.
주님의 의는 영원토록 옳으며
주님의 계시는 오직 하나뿐인 진리입니다.
큰 고난이 나를 덮쳤으나
주님의 계명이 줄곧 나의 기쁨이 되었습니다.
주께서 말씀해 주신 삶의 방식은 늘 옳으니,
내가 그 길을 깨우쳐 충만하게 살도록 도우소서.

❦

145-152 내가 목청껏 부르짖습니다.
"하나님, 응답하소서! 주님의 말씀대로 다 행하겠습니다."
내가 주께 외쳤습니다. "나를 구원하소서.
내가 주님의 모든 규례를 지키겠습니다."
해 돋기 전에 일어나
도움을 구하며 부르짖고, 주께서 말씀해 주시기를 기다립니다.
밤새도록 잠 못 이루고 기도하면서,
주님의 약속을 곰곰이 되새깁니다.
주님의 사랑으로 내 간구를 들어주소서.
하나님, 주님의 정의로 나를 살려 주소서.
나를 노리는 자들이 가까이 왔습니다.
주께서 계시하신 진리에서 멀리 벗어난 자들입니다.

그러나 하나님, 주께서는 누구보다 나와 가까이 계시며
주님의 판단은 모두 진실합니다.
주께서 영원히 지속될 말씀의 증거를 세우셨으니
나는 그 증거를 전부터 알고 있었습니다.

❧

¹⁵³⁻¹⁶⁰ 내 고난을 살피시고 나를 도우소서.
내가 주님의 계시를 한시도 잊은 적이 없습니다.
내 편이 되셔서 나를 곤경에서 건져 주소서.
주께서 약속하신 대로, 내 삶을 회복시켜 주소서.
'구원'은 악인들에게 정체 모를 단어에 불과하니
주님의 사전에서 찾아본 적이 없기 때문입니다.
하나님, 주님의 자비는 수십억 명을 품을 만큼 무궁하니,
주님의 규례에 따라 나를 살려 주소서.
나를 대적하는 자들이 셀 수 없이 많으나
나는 주님의 가르침에서 조금도 벗어나지 않습니다.
나는 도중에 포기하는 자들을 보고 진저리 쳤습니다.
그들은 아무렇지도 않게 주님의 약속을 저버립니다!
내가 주님의 말씀을 얼마나 사랑하는지 눈여겨보시고,
주님의 사랑으로 나의 남은 날을 늘려 주소서.
주님의 말씀은 모두 진리이며,
주님의 의로운 판결은 영원합니다.

¹⁶¹⁻¹⁶⁸ 정치인들이 나를 사정없이 비방해도
내가 두려워하는 것은 주님의 말씀뿐, 흔들리지 않습니다.
돈벼락을 맞은 사람처럼
나는 주님의 말씀으로 황홀합니다.
내가 거짓말은 견딜 수 없이 미워하지만
주님의 계시는 너무나 사랑합니다.
하루에도 일곱 번씩, 하던 일을 멈추고 소리 높여 찬양하니,
주께서 모든 일을 바로잡으시기 때문입니다.
주님의 계시를 사랑하는 이들에게는 모든 것이 안성맞춤,
어둠 속에서도 넘어지는 법이 없습니다.
하나님, 내가 주님의 구원을 간절히 기다리며
주께서 말씀하신 대로 살아갑니다.
내 영혼이 주님의 가르침을 잘 간수하여 **빠짐없이** 지킵니다.
오, 내가 그것을 얼마나 사랑하는지요!
내가 주님의 규례를 따르고 주님의 교훈을 지키니,
내 인생은 주님 앞에 펼쳐진 한 권의 책입니다.

¹⁶⁹⁻¹⁷⁶ **하나님**, 나의 부르짖음이 곧장 주님 앞에 이르게 하소서.
오직 주님의 말씀에서 나오는 통찰력을 내게 주소서.
제발 나의 간구에 주목하시고

주께서 약속하신 말씀대로 나를 구해 주소서.
주께서 내게 인생의 진리를 가르치시니,
내 입술에서 찬양이 폭포처럼 흘러나옵니다!
주님의 약속이 내 목청에서 울려 나오는 것은,
주께서 주신 모든 명령이 옳기 때문입니다.
내가 주님의 교훈에 따라 살기로 했으니
손을 내미셔서 나를 굳건히 붙잡아 주소서.
하나님, 내가 주님의 구원을 애타게 기다립니다.
주님의 모습을 드러내실 때가 얼마나 좋은지요!
내 영혼 생기 있게 하셔서 주님을 찬양하게 하시고
주님의 규례로 내 영혼 강건하게 하소서.
내가 길 잃은 양처럼 헤맬 때, 나를 찾으소서!
내가 주님의 그 음성을 알아들을 것입니다.

순례자의 노래

120

1-2 곤경에 처한 이 몸, 하나님께 부르짖네.
간절히 응답을 구하네.
"**하나님**, 구해 주소서!
만면에 미소를 띠고 입술에 침도 바르지 않은 채 거짓말을
해대는
저들에게서 나를 구하소서!"

3-4 너희, 얼굴에 철판을 깐 사기꾼들아,

앞으로 무슨 일이 닥칠지 알기나 하느냐?
날카로운 화살촉과 뜨거운 숯덩이가
너희가 받을 상이다.

5-7 메섹에 사는 내 신세
게달에 눌러앉은 지긋지긋한 내 신세,
쌈박질 좋아하는 이웃 사이에서 평생을
이리저리 부대끼며 사는구나.
나는 평화를 바라건만, 악수를 청하면
무턱대고 싸움을 걸어 오는 저들!

순례자의 노래

121

1-2 눈을 들어 산을 보네.
산이 내게 힘이 되어 줄까?
아니, 내 힘은 오직 **하나님**,
하늘과 땅과 산을 만드신 그분.

3-4 그분께서 너를 붙드신다.
너의 보호자인 하나님은 잠드시는 법이 없다.
결코 없다! 이스라엘의 보호자는
졸거나 주무시는 법이 없다.

5-6 하나님은 너의 보호자,

네 오른편에서 너를 지키시니,
햇빛을 막아 주시고
달빛을 가려 주신다.

7-8 하나님께서 모든 악에서 너를 지키시고
네 생명을 지키신다.
너의 떠나는 길과 돌아오는 길을 지켜 주신다.
지금도 지키시며 앞으로도 영원히 지켜 주신다.

다윗이 지은 순례자의 노래

122

1-2 사람들이 "하나님의 집으로 가세!" 할 때,
내 마음 기뻐 뛰었네.
마침내 당도했네. 아, 예루살렘,
예루살렘 성 안에 들어왔도다!

3-5 예루살렘, 견고한 성,
예배를 위해 지어진 도성!
모든 지파들이 올라오는 도시,
하나님의 지파들이 모두 올라와 예배하며
하나님의 이름에 감사드리는 곳.
이스라엘의 진면목이 나타나는 바로 이곳에
의로운 판결을 내리는 보좌가 놓였네.
저 유명한 다윗의 보좌가.

6-9 예루살렘의 평화를 위해 기도하여라!
예루살렘을 사랑하는 이들이여, 모두 흥하여라!
이 안의 벗들이여, 가까이들 지내라!
바깥의 적들이여, 저만치 물렀거라!
내 가족과 친구들을 거듭 축복하며 말하노니,
평화를 누리기를!
내 너희를 위해 최선을 다하리라.
우리 **하나님**의 이 집을 위하여.

순례자의 노래

123

1-4 하늘에 계시는 하나님, 주님을 바라봅니다.
도움을 바라며 주님을 앙망합니다.
주인의 명령을 기다리는 종처럼,
마님의 시중을 드는 하녀처럼,
우리, 한시도 눈을 떼지 않고 숨죽여 기다립니다.
주님의 자비의 말씀을 기다립니다.
하나님, 자비를 베풀어 주소서!
오랜 세월을 우리가
배부른 자들에게 죽도록 걷어차이고
잔인한 자들의 악독한 발길질을 견뎠습니다.

다윗이 지은 순례자의 노래

124
1-5 이스라엘아, 한목소리로 크게 노래하자!
하나님께서 우리 편이 되어 주시지 않았다면,

하나님께서 우리 편이 되어 주시지 않았다면,
모두가 우리를 대적하던 그때,
격분한 그들에게
산 채로 먹혔으리라.
성난 홍수에 휩쓸리고
격류에 휘말렸으리라.
그 사나운 물결에
목숨을 잃고 말았으리라.

6 오, **하나님**을 찬양하여라!
우리를 버리고 떠나지 않으시고,
으르렁거리는 개 떼 속의 무력한 토끼 신세로
내버려 두지 않으셨다.

7 우리, 그들의 송곳니를 피하고
그들의 올가미에서 벗어났다. 새처럼 자유를 얻었다.
그들의 손아귀에서 벗어난 우리,
비상하는 새처럼 자유롭다.

8 **하나님**의 강력한 이름은 우리의 도움,

하늘과 땅을 지으신 **하나님**이라네.

순례자의 노래

125
 ¹⁻⁵ **하나님**을 신뢰하는 이들,
 시온 산과 같다네.
결코 흔들리지 않고
언제든 기댈 수 있는 견고한 바위산.
산들이 예루살렘을 둘러싸듯,
하나님께서 자기 백성을 둘러싸시네.
지금껏, 또 언제까지나.
악인의 주먹질에
의인이 제 몫을 빼앗기거나
폭력으로 내몰리는 일
결코 없으리라.
하나님, 주님의 선한 백성,
마음이 올곧은 이들을 선대해 주소서!
타락한 자들은 **하나님**께서 잡아들이시리라.
구제불능인 자들과 한곳에 몰아넣으시리라.
이스라엘에게 평화가 있기를!

순례자의 노래

126
 ¹⁻³ 꿈인가 생시인가 했지. 붙잡혀 갔던 이들을
 하나님께서 다시 시온으로 데려오셨을 때.

우리, 웃음을 터뜨렸네. 노래를 불렀네.
너무 좋아 믿을 수 없어 했지.
우리는 뭇 민족들의 화젯거리였네.
"저들의 하나님, 참으로 놀랍군!"
그렇고말고, 우리 하나님은 정말 놀라우신 분.
우리는 그분의 행복한 백성.

4-6 하나님, 다시금 그렇게 해주소서!
가뭄에 찌든 우리 삶에 단비를 내려 주소서.
절망 가운데 곡식을 심은 이들,
환호성을 올리며 추수하게 하소서.
무거운 마음을 지고 떠났던 이들,
한 아름 복을 안고 웃으며 돌아오게 하소서.

솔로몬이 지은 순례자의 노래

127

1-2 하나님이 지어 올리시지 않으면
집 짓는 자들이야 기껏 판잣집이나 지을 뿐.
하나님이 성을 지켜 주시지 않으면
파수꾼이야 밤에 있으나 없으나 매한가지.
아침 일찍 일어나 밤늦게 잠자리에 들며
노심초사 뼈 빠지게 일해 봐야 모두 헛수고.
알아 두어라. 그분께서는 사랑하는 이들에게
쉼 주시길 좋아하는 분이시다.

3-5 알아 두어라. 자녀는 **하나님**이 주시는 최상의 선물,

태의 열매는 그분이 후히 내리시는 유산이다.

젊고 건강한 시절에 낳은 자녀는

전사의 손에 들린 화살과 같다.

오, 화살통에 자녀들이 가득한 부모는

얼마나 복된지!

원수들은 너희 상대가 되지 못하고,

너희에게 초전 박살나리라.

순례자의 노래

128

1-2 **하나님**을 경외하는 모든 이여, 얼마나 복된가!

쭉 뻗은 그분의 대로를 걸으며 얼마나 행복한가!

수고를 다했으니 모든 것은 당연히 네 몫이다.

복을 한껏 누려라! 행복을 마음껏 즐겨라!

3-4 포도나무가 포도 열매를 맺듯 네 아내가 자녀를 낳을 것이요,

네 가정은 우거진 포도밭 같을 것이다.

식탁에 둘러앉은 네 자녀들은

올리브나무 가지 새싹처럼 푸르고 싱싱하리라.

두렵고 떨리는 마음으로 선하신 하나님 앞에 서라.

오, 복되도다, **하나님**을 경외하는 이여!

5-6 예루살렘에서 행복을 누려라,
평생토록.
손자손녀를 보며 행복을 누려라.
이스라엘에게 평화가 있기를!

순례자의 노래

129

1-4 "저들은 어렸을 적부터 날 괴롭혀 왔지."
이스라엘의 말이다.
"저들은 어렸을 적부터 날 괴롭혀 왔지만,
결코 날 쓰러뜨리지는 못했지.
저들의 농부들이 내 등을 쟁기질해
긴 고랑을 파 놓았지만,
하나님께서 좌시하지 않으셨고
우리 편이 되어 주셨지.
하나님께서 저 악한 농부들의 쟁기를
산산조각내 버리셨지."

5-8 오, 시온을 미워하는 자들이 모두
바닥에 고꾸라져 설설 기게 되기를.
얄팍한 땅 위에 돋은 풀처럼
추수 전에 시들어 버리기를.
일꾼들이 수확하기 전에,
추수하는 이들이 거두어들이기 전에.

이웃들이 "엄청난 수확이군, 축하하네!
하나님의 이름으로 축복하네!"
하며 떠들 일 없게.

순례자의 노래

130

¹⁻² **하나님**, 도와주소서. 이 몸, 바닥 모를 수 렁에 빠져들고 있습니다!
주님, 도움을 구하며 부르짖으니 들어주소서!
귀를 기울이소서! 귀를 열어 들어주소서!
자비를 구하며 부르짖사오니 들어주소서.

³⁻⁴ **하나님**, 사람의 과오를 주께서 일일이 책망하시면
살아남을 자 누구이겠습니까?
그러나 주님은 용서가 몸에 밴 분이시니,
주께서 경배받으시는 까닭입니다.

⁵⁻⁶ 기도로 살아온 인생, 내가 **하나님**께 기도드리며
그분의 말씀과 그분이 행하실 일을 기다린다네.
나의 주 하나님께만 의지한 이 몸,
아침이 올 때까지 기다리고, 앙망하네.
아침이 올 때까지 기다리고, 앙망하네.

⁷⁻⁸ 오 이스라엘아, **하나님**을 기다리고 앙망하여라.

하나님이 오시면, 사랑이 오고,
하나님이 오시면, 풍성한 구원이 임한다.
참으로 그렇다. 그분께서 이스라엘을 구속하실 것이요,
죄에 팔려 포로 되었던 이스라엘을 다시 찾으시리라.

순례자의 노래

131

¹ 하나님, 나는 대장이 되려고 애쓰지 않습니다.

으뜸이 되고 싶지도 않습니다.
남의 일에 참견하지 않았고
거창하고 허황된 꿈을 꾸지도 않았습니다.

² 나는 발을 땅에 디디고
마음을 고요히 다잡으며 살았습니다.
엄마 품에 안긴 아기가 만족하듯
내 영혼 만족합니다.

³ 이스라엘아, 하나님을 기다려라. 희망을 품고 기다려라.
희망을 가져라! 언제나 희망을 품어라!

순례자의 노래

132

¹⁻⁵ 오 하나님, 다윗을 기억하소서,
그의 노고를 기억하소서!

그가 **하나님**께 약속한 일을 기억하소서.
야곱의 강하신 하나님께 그가 맹세했습니다.
"나, 집에 가지 않겠습니다.
잠자리에 들지 않겠습니다.
잠도 자지 않고
쉬지도 않겠습니다.
야곱의 강하신 **하나님**께
집을 마련해 드리기 전까지는."

6-7 기억하소서, 우리가 그 소식을 에브라다에서 처음 접하고
야알 초원에서 자세히 듣던 날을.
우리는 소리쳤습니다. "헌당식에 참석하자!
하나님께서 그분의 발판 삼으신 곳으로 가 그분께 경배드
리자!"

8-10 일어나소서, **하나님**, 주님의 새 안식처에 드소서.
주님의 강력한 언약궤와 함께 드소서.
주님의 제사장들로 정의를 갖추어 입게 하시고
주님을 경배하는 이들로 이 기도를 옳게 하소서.
"주님의 종 다윗을 높여 주소서.
주께서 기름 부어 세우신 이를 외면하지 마소서."

11-18 **하나님**께서 다윗에게 이렇게 약속하셨다.

결코 취소하지 않으실 약속이다.

"네 아들들 가운데 하나를
네 왕좌에 앉게 해주겠다.
네 자손이 내 언약에 충실하고
내 가르침을 따르는 한,
대가 끊이지 않으리라.
네 왕좌에 앉을 아들이 언제나 있으리라.
그렇다. 나 **하나님**이 시온을 택했다.
내 제단을 둘 곳으로 이곳을 택했다.
언제나 여기가 내 집이 될 것이다.
내가 이곳을 택했고, 영원토록 여기 있을 것이다.
이곳을 찾는 순례자들에게 복을 소낙비처럼 쏟아부어 줄 것이며
허기져 도착하는 이들에게 밥상을 차려 줄 것이다.
내 제사장들에게 구원의 옷을 입혀 줄 것이며
거룩한 백성들로 가슴 벅차 노래 부르게 할 것이다!
오, 내가 다윗을 위해 이곳을 빛나는 곳으로 만들리라!
내 기름부음 받은 자를 위해 이곳을 빛으로 가득 채우리라!
그의 원수들에게는 더러운 넝마를 입히고
그의 왕관은 찬란히 빛을 발하게 하리라."

다윗이 지은 순례자의 노래

133

1-3 얼마나 멋진가, 얼마나 아름다운가,
형제자매들이 어울려 지내는 모습!

아론의 머리에 부은 값진 기름이
머리와 수염을 타고,
그의 수염을 타고,
그의 제사장 예복 깃을 타고 흘러내리는 모습 같구나.
헤르몬 산의 이슬이
시온의 비탈길을 따라 흘러내리는 모습 같구나.
그렇다. 그곳이 **하나님**께서 복을 내리시고
영생을 베푸시는 현장이다.

순례자의 노래

134

¹⁻³ 와서 **하나님**을 찬양하여라,
너희 모든 **하나님**의 종들아!
하나님의 집에서 밤새도록 일하는 너희 **하나님**의 제사장들아,
성소를 향해 손을 들고 찬양하여라.
하나님을 찬양하여라.
그리하여 하늘과 땅을 지으신 **하나님**,
시온의 **하나님**께서 너희에게 복을 주시기를!

135

¹⁻⁴ 할렐루야!
하나님의 이름을 찬양하여라.
하나님께서 행하신 일을 찬양하여라.
하나님의 성전에서 일하고

우리 하나님의 거룩한 뜰에서 섬기는 너희 모든 제사장들아,
하나님은 참으로 선하시니 "할렐루야!"를 외쳐라.
그분의 아름다운 이름을 찬송하여라.
하나님께서 야곱을 택하시고
이스라엘을 그분의 소중한 보물로 삼으셨다.

5-12 다른 모든 신들보다 높으신
우리 주 **하나님**의 위대하심을 내가 증언하노라.
그분은 언제 어디서, 어떤 방식으로든
마음에 원하시는 대로 행하신다.
날씨를 만드시고 구름과 우레를,
번개와 비를, 북풍을 만들어 내신다.
그분께서 사람에서 짐승에 이르기까지
이집트의 맏이들을 모두 치셨다.
이집트가 자세를 고쳐 주목하게 하시고
바로와 그 신하들에게 이적을 나타내 보이셨다.
그렇다. 주께서 큰 민족들을 쓰러뜨리시고
강한 왕들을 죽이셨다.
아모리 왕 시혼과 바산 왕 옥을 죽이시고
가나안의 왕들을 모조리 죽이셨다!
그런 다음 그들의 땅을 이스라엘에게 넘기셔서
그분의 백성이 좋은 땅을 선물로 받게 하셨다.

13-18 **하나님**, 주님의 이름은 영원하고
주께서는 결코 쇠하지 않으십니다.
하나님은 그분의 백성을 펀드시고
그들의 손을 잡아 주신다.
이방 나라들의 신들은 시시한 모조품,
시장에 급히 팔려고 만든 가짜 신들.
조각한 입이어서 말하지 못하고
그린 눈이어서 보지 못하며
새긴 귀여서 듣지 못하니,
죽은 나무때기, 차디찬 금속일 뿐!
그런 신을 만들고 의지하는 자들은
그것들과 똑같이 되고 말리라.

19-21 이스라엘 가문아, **하나님**을 찬양하여라!
아론 가문아, **하나님**을 찬양하여라!
레위 가문아, **하나님**을 찬양하여라!
하나님을 경외하는 너희들아, **하나님**을 찬양하여라!
오, 예루살렘에 처음부터 거하신
시온의 **하나님**, 찬양을 받으소서!
할렐루야!

136

¹⁻³ **하나님께 감사하여라! 마땅히 감사드려야 할 분.**
그분의 사랑 끝이 없다.
모든 신들의 하나님께 감사하여라.
그분의 사랑 끝이 없다.
모든 주인들의 주께 감사하여라.
그분의 사랑 끝이 없다.

⁴⁻²² 기적을 일으키시는 하나님께 감사하여라.
그분의 사랑 끝이 없다.
능숙한 솜씨로 우주를 만드신 하나님이시니
그분의 사랑 끝이 없다.
대양의 기초 위에 땅을 펼쳐 놓으신 하나님이시니
그분의 사랑 끝이 없다.
하늘을 빛으로 채우신 하나님이시니
그분의 사랑 끝이 없다.
해를 만드셔서 낮을 보살피게 하셨으니
그분의 사랑 끝이 없다.
달과 별들을 밤의 수호자로 삼으셨으니
그분의 사랑 끝이 없다.
이집트의 맏이들을 치신 하나님이시니
그분의 사랑 끝이 없다.
이집트의 압제에서 이스라엘을 구해 내셨으니

그분의 사랑 끝이 없다.
강한 손으로 이스라엘을 돌보셨으니
그분의 사랑 끝이 없다.
홍해를 두 쪽으로 가르셨으니
그분의 사랑 끝이 없다.
이스라엘을 이끌어 홍해 한가운데를 지나게 하셨으니
그분의 사랑 끝이 없다.
바로와 그의 군대를 바다에 처넣으셨으니
그분의 사랑 끝이 없다.
그분의 백성이 광야를 지나게 하신 하나님이시니
그분의 사랑 끝이 없다.
좌우의 큰 왕국들을 꺾으셨으니
그분의 사랑 끝이 없다.
이름난 왕들을 치셨으니
그분의 사랑 끝이 없다.
아모리 왕 시혼을 치셨으니
그분의 사랑 끝이 없다.
바산 왕 옥을 치셨으니
그분의 사랑 끝이 없다.
그들의 땅을 전리품으로 나누어 주셨으니
그분의 사랑 끝이 없다.
그 땅을 이스라엘에게 넘겨주셨으니
그분의 사랑 끝이 없다.

23-26 우리가 비천할 때 우리를 기억하신 하나님이시니
그분의 사랑 끝이 없다.
우리가 짓밟힐 때 우리를 구해 내셨으니
그분의 사랑 끝이 없다.
궁핍한 모든 이들을 제때에 보살피시니
그분의 사랑 끝이 없다.
이 모든 일을 행하신 하나님께 감사하여라!
그분의 사랑 끝이 없다!

137

1-3 우리, 바빌론 강변 곳곳에 앉아
울고 또 울었네.
시온에서 행복하게 보낸 옛 시절을 떠올렸지.
사시나무 옆에 쌓아 두었네,
연주소리 들리지 않는 우리 하프들을.
우리를 포로로 잡은 자들이 빈정대고 조롱하며
그곳에서 노래를 청했네.
"멋진 시온 노래 한 곡 뽑아 봐라!"

4-6 아, 우리가 어찌 하나님의 노래를
이 불모지에서 부를 수 있으랴?
예루살렘아, 내가 너를 잊는다면
내 손가락이 낙엽처럼 말라비틀어지리라.

오 사랑스러운 예루살렘아,
내가 너를 기억하지 않는다면
내 너를 가장 소중한 것으로 여기지 않는다면
내 혀가 부어오르고 새까맣게 타 버리리라.

7-9 하나님, 저 에돔 족속들을 기억하시고
폐허가 된 예루살렘을 기억하소서.
그날 저들은 큰소리로 말했습니다.
"부숴 버려, 가루가 되도록 박살내 버려!"
너희 바빌론 족속들아, 파괴자들아!
너희가 우리에게 한 그대로 너희에게 되갚는 자는
누구든지 상을 받으리라.
그렇다, 너희 젖먹이들을 잡아다가
그 머리통을 바위에 메어치는 자는 상을 받으리라!

다윗의 시

138
1-3 주께 감사합니다!
내 안의 모든 것이 외칩니다. "감사합니다!"
내가 감사의 노래 부를 때 천사들이 귀 기울여 듣습니다.
주님의 거룩한 성전을 향해 무릎 꿇고 경배하며
다시 고백합니다. "감사합니다!"
주님의 사랑에 감사하고
주님의 성실하심에 감사합니다.

더없이 거룩합니다, 주님의 이름.
더없이 거룩합니다, 주님의 말씀.
내가 부르짖자 주께서 나서시고,
내 삶을 크고 힘차게 해주셨습니다.

4-6 **하나님**, 주께서 하시는 말씀을 듣고서
온 세상 왕들이 주께 고백할 것입니다. "감사합니다."
그들이 주께서 행하신 일들을 노래할 것입니다.
"참으로 크시다, **하나님**의 영광!"
하나님은 높이 계셔도 이 낮은 아래를 굽어보시고,
멀리 계셔도 우리의 모든 일을 아시기 때문입니다.

7-8 내가 극심한 고난의 길을 걸을 때
분노와 혼란 속에 있는 나를 살려 주소서.
한 손으로는
내 원수를 치시고,
다른 손으로는 나를 구원하소서.
하나님, 내 안에서 시작하신 일을 매듭지어 주소서.
주님의 사랑 영원하니, 나를 포기하지 마소서.

다윗의 시

139

1-6 **하나님**, 내 삶을 샅샅이 살피시고
모든 사실을 직접 알아보소서.

나는 주님 앞에 활짝 펼쳐진 책이니,
멀리서도 주께서는 내 생각을 다 아십니다.
주께서는 내가 떠날 때와 돌아올 때를 아시니,
내가 주님의 시야를 벗어나지 않습니다.
내가 운을 떼기도 전에
주께서는 내가 하려는 말을 모두 아십니다.
내가 뒤돌아보아도 주님은 거기 계시고
앞을 내다보아도 주께서는 거기 계십니다.
어느 곳에 가든 주께서 함께하시니, 내 마음 든든합니다.
이 모든 것이 내게는 너무나 크고 놀라워
다 헤아릴 수가 없습니다!

7-12 내가 주님의 영을 피해 어디로 가며
주님의 눈을 피해 어디로 가겠습니까?
내가 하늘로 올라가면 거기에 계시고
지하에 숨어도 거기에 주님이 계십니다!
내가 새벽 날개를 타고
머나먼 서쪽 수평선으로 날아갈지라도
주께서 금세 나를 찾아내시니,
주님은 거기서도 기다리고 계십니다!
내가 속으로 "오, 그분은 어둠 속에서도 나를 알아보시는구나!
내가 밤중에도 빛 속에 잠겨 있구나!" 고백합니다.
참으로 그렇습니다. 주께는 어둠도 어둠이 아니니,

밤과 낮, 어둠과 빛이 매한가지입니다.

13-16 오 그렇습니다. 주께서 내 속과 겉을 빚으시고
모태에서 나를 지으셨습니다.
내 몸과 영혼을 경이롭게 지으신 높으신 하나님,
숨 막히도록 멋지신 주께 감사드립니다!
그 솜씨 너무 놀라워,
내가 주님을 마음 깊이 경배합니다!
주께서는 나를 속속들이 아시며
내 몸속의 뼈 마디마디까지 아십니다.
주께서는 정확히 아십니다.
내가 어떻게 지어졌는지,
아무것도 아니던 내가 어떻게 이처럼 근사한 형상으로 빚어
졌는지를.
책을 펼쳐 보시듯, 주께서는 내가 잉태되고 태어나기까지
내 자라는 모습을 지켜보셨습니다.
내 생의 모든 시기가 주님 앞에 펼쳐졌습니다.
태어나 하루를 살기도 전에,
이미 내 삶의 모든 날들이 예비되어 있었습니다.

17-22 주님의 생각들, 너무나 귀하고, 너무나 뛰어납니다!
하나님, 나는 도무지 이해하지 못하겠습니다!
그 수가 바다의 모래알보다 많아서

헤아릴 엄두가 나지 않습니다.
오, 아침에 나를 일으켜 주시고, 내내 주님과 함께 살게 하소서!
하나님, 죄악을 영원히 없애 주소서!
꺼져라, 너희 살인자들아!
하나님, 주님을 얕잡아 보는 자들이
싸구려 가짜 신들에게 홀딱 반했습니다.
보소서, **하나님**. 주님을 미워하는 자들을 내가 얼마나 미워
하는지.
보소서, 저 사악한 교만을 내가 얼마나 역겨워하는지.
극심하게 그것을 미워합니다.
주님의 원수들이 곧 나의 원수들입니다!

23-24 오 하나님, 내 삶을 샅샅이 살피시고
나에 대해 모든 것을 캐 보소서.
나를 심문하고 시험하셔서
내가 어떤 사람인지 분명히 파악하소서.
내가 잘못한 일이 있는지 직접 살피시고
나를 영원한 생명의 길로 인도하소서.

다윗의 시

140

1-5 **하나님**, 악이 득세하는 이곳에서 나를 구
하소서.
사악한 자들에게서 나를 보호하소서.

저들은 죄로 이어지는 길만 끊임없이 생각해 내고,
전쟁놀이만 도모하며 세월을 보냅니다.
신랄한 말로 남을 미워하고 상처 입히며,
사람을 불구로 만들고 죽이는 독설을 쏟아 냅니다.
하나님, 이 악인들의 손아귀에서 나를 지키소서.
사악한 자들에게서 나를 보호하소서.
제 잘난 맛에 도취된 자들,
나를 쓰러뜨리기로 작정하고 방법을 모의합니다.
악한들이 나를 잡으려 덫을 만들고
내게 죄를 씌우려 안간힘을 씁니다.

6-8 내가 주께 기도했습니다. "**하나님,** 주는 나의 하나님이십
니다!
하나님, 귀를 기울이소서! 자비를 베푸소서!
강한 구원자이신 나의 주 **하나님,**
싸움이 벌어질 때 나를 보호하소서!
하나님, 악인들이 멋대로 하지 못하게 막으소서.
저들에게 한 치의 틈도 주지 마소서!"

9-11 나를 에워싼 말썽꾼들,
저들의 독설이 저들을 삼키게 하소서.
저들 위에 지옥 불을 쌓아 올리시고
저들을 빙하의 갈라진 틈에 산 채로 묻으소서!

저 떠버리들의 말이
홀대받게 하시고,
저 무뢰한들을 악마가 쫓아가
넘어뜨리게 하소서!

12-13 나는 압니다. 주 **하나님**이 피해자의 편에 서시고
불쌍한 이들의 권리에 관심을 두고 계심을,
의인들이 주께 마음 깊이 감사하고
선인들이 주님 앞에서 안전하리라는 것을.

다윗의 시

141

1-2 **하나님**, 가까이 오소서. 어서 오소서!
주님의 귀 활짝 여셔서, 내 소리를 들어주소서!
내 기도를 주께 피어오르는 향으로 여겨 주소서.
들어 올린 두 손은 나의 저녁기도입니다.

3-7 **하나님**, 내 입에 파수꾼을 세우시고
내 입술 문에 보초를 세우소서.
악은 꿈도 꾸지 않게 하시고
생각 없이 악한 무리와 어울리지 않게 하소서.
못된 짓만 골라서 하는 저들이
감언이설로 나를 꾀지 못하게 하소서!
의로운 이가 나를 바로잡게 하시고

친절한 사람이 나를 꾸짖게 하소서.

죄가 내 머리에 기름붓지 못하게 하소서.

내가 저들의 악행을 고발하며 주께 힘껏 기도합니다!

오, 저들의 우두머리들이 높은 암벽에서 떠밀려

죄값을 치르게 하소서.

큰 망치에 맞아 가루가 되어 버린 바위처럼

저들의 **뼈**가 지옥 입구에 흩어지게 하소서.

8-10 그러나 사랑하는 주 **하나님**,

나는 오직 주님만을 바라봅니다.

죽기 살기로 주께 달려왔으니,

나를 보살펴 주소서.

저들의 흉계에서 나를 지키소서.

저들의 악한 속임수에서 나를 보호하소서.

악인들은 고꾸라지게 하시고

나는 상처 하나 없이 지나가게 하소서.

다윗이 굴에 있을 때 드린 기도

142

1-2 내가 소리 높여 **하나님**께 부르짖네.

큰소리로 **하나님**께 자비를 구하네.

그분 앞에 내 모든 억울함을 털어놓고

내 고통을 낱낱이 아뢰네.

3-7 "내가 절망에 빠져 낙심할 때
주께서는 내 심정을 아십니다.
내가 처한 위험,
내가 다니는 길에 숨겨 놓은 저들의 덫을 아십니다.
오른쪽을 살피시고 왼쪽도 살펴보소서.
무슨 일이 벌어지는지 아무도 관심이 없습니다!
곤경에 처했는데 출구도 없고,
홀로 남겨져 희망마저 잃어버렸습니다.
하나님, 내가 이렇게 부르짖습니다.
'주님은 나의 마지막 기회, 내 삶의 유일한 희망!'
오 제발, 귀를 기울이소서.
이렇게 바닥까지 떨어진 적은 없습니다.
나를 뒤쫓는 자들에게서 나를 구하소서.
나는 저들의 상대가 되지 않습니다.
이 지하 감옥에서 나를 **빼내** 주시고
사람들 앞에서 내가 주께 감사하게 하소서.
주님의 백성이 나를 빙 둘러쌀 때
주께서 내게 복을 소나비처럼 쏟아부으실 것입니다!"

다윗의 시

143

1-2 **하나님**, 나의 기도를 들어주소서.
나의 간구에 주의를 기울이소서.
주님은 응답을 잘하시기로 이름난 분이시니, 내게 응답하소서!

내게 꼭 필요한 일을 해주소서.
그러나 주님의 법정으로 끌고 가지는 마소서.
산 자는 누구도 거기서 무죄 판결을 받을 수 없습니다.

³⁻⁶ 원수가 뒤쫓아 와서,
나를 걷어차고 짓밟아 거반 죽게 되었습니다.
나를 어두운 구덩이에 던지고
시체처럼 지하 감옥에 처넣었습니다.
이 몸, 그곳에 앉아 절망할 때
내 기운이 쇠하고 내 마음은 납덩이처럼 무거웠습니다.
옛 시절을 떠올리며
주께서 행하신 모든 일을 곰곰이 되새겨 보았습니다.
사막이 비를 갈망하듯이 내가 주님을 갈망하며
주님 향해 두 손을 높이 들었습니다.

⁷⁻¹⁰ 하나님, 속히 응답하소서!
어찌할 바를 모르겠습니다.
외면하지 마소서. 모른 체하지 마소서!
주께 버림받으면 나는 완전히 죽습니다.
아침마다 주님의 사랑스러운 음성으로 나를 깨워 주시면
내가 밤마다 주님을 신뢰하며 잠자리에 들겠습니다.
어느 길로 가야 할지 알려 주소서.
내가 귀를 세우고 모든 시선 주께 돌리니

하나님, 원수들로부터 나를 구원하소서.
주님만이 나의 희망이십니다!
주님은 나의 하나님이시니
주님이 기뻐하시는 삶 살도록 가르쳐 주소서.
주님의 복된 영으로 나를 이끄시고
탁 트이고 평탄한 초원으로 데려가 주소서.

11-12 하나님, 주님의 명성을 위해서라도, 나를 살려 주소서!
주님의 정의로 나를 이 고난에서 건지소서!
주님의 크신 사랑으로 내 원수들을 쳐부수소서.
나를 괴롭히는 자들을 깨끗이 쓸어버리소서.
이 몸, 주님의 종인 까닭입니다.

다윗의 시

144

1-2 나의 산이신 **하나님**을 찬양하여라.
주님은 당당히 잘 싸우도록 나를 훈련시키
시는 분.
내가 딛고 선 반석,
내가 거하는 성채,
나를 구해 주시는 기사,
내가 필사적으로 피할 높은 바위산,
내 원수들을 쓰러뜨리시는 분.

³⁻⁴ **하나님**, 어찌하여 우리를 보살펴 주십니까?
어찌하여 우리에게 그토록 마음을 쓰십니까?
우리는 한낱 입김에 불과하고,
모닥불 속 그림자와 같습니다.

⁵⁻⁸ **하나님**, 하늘에서 내려오셔서
산 한가운데 있는 분화구에 불을 붙이소서.
주님의 번개를 사방으로 집어던지시고,
주님의 화살을 이리저리 쏘소서.
하늘에서 바다까지 손을 뻗으셔서,
증오의 바다,
저 야만족의 손아귀에서 나를 끌어내소서.
새빨간 거짓말을 내뱉는 저들,
앞에서 악수하면서도
뒤돌아서면 등을 찌릅니다.

⁹⁻¹⁰ 오 하나님, 내가 새 노래를 주께 불러 드립니다.
열두 줄 기타로 연주하겠습니다.
왕을 구원하신 하나님,
주님의 종 다윗을 구해 내신 하나님께 바치는 노래입니다.

¹¹ 원수의 칼에서 나를 구하소서.
저 야만인들의 손아귀에서 나를 꺼내 주소서.

새빨간 거짓말을 내뱉는 저들,
앞에서 악수하면서도
뒤돌아서면 등을 찌릅니다.

12-14 한창때인 우리 아들들을
무성한 상수리나무 같게 하시고,
우리 딸들은 들판에 핀 들꽃처럼
맵시 좋고 생기 있게 하소서.
창고에는 수확물이 가득 차게 하시고
들판에는 거대한 양 떼로 차게 하소서.
침략을 당하거나 포로로 끌려가는 일 없게 하시고
거리에서 범죄가 사라지게 하소서.

15 이 모든 것을 누리는 백성은 복이 있다.
하나님을 자기 하나님으로 모시는 백성은 복이 있다.

다윗의 찬양

145
1 오, 왕이신 나의 하나님, 찬양으로 주님을 높여 드립니다!
영원토록 주님의 이름을 찬송합니다.

2 날마다 주님을 찬양하고
지금부터 영원까지 찬송합니다.

³ **하나님**은 위대하시니, 찬양을 아무리 드려도 부족하신 분.
그분의 위대하심 끝이 없다.

⁴ 대를 이어 주께서 행하신 일을 경외하고
세대마다 주님의 위업을 전합니다.

⁵ 모두가 주님의 아름다움과 위엄을 이야기하고
나는 주님의 기적들에 곡을 붙입니다.

⁶ 주께서 행하신 놀라운 일들 대서특필되고
나는 주님의 위대하심 낱낱이 책에 기록합니다.

⁷ 주님의 선하심, 그 명성이 온 나라에 자자하고
주님의 의로우심, 모든 사람 입에 오르내립니다.

⁸ **하나님**은 자비로우시고 은혜로우신 분,
노하기를 더디 하시고 사랑이 충만하신 분.

⁹ **하나님**은 누구에게나 좋으신 분,
행하시는 일마다 은혜가 넘친다.

10-11 **하나님**, 온 우주와 피조물들이 주께 박수갈채를 보내고
주님의 거룩한 백성이 주님을 찬양합니다.

그들이 주님 통치의 영광을 이야기하고
주님의 위엄을 선포합니다.

12 주님의 권능을 영원토록 세상에 알리고
주님의 나라의 찬란한 영광을 알립니다.

13 주님의 나라는 영원한 나라,
주님의 통치는 중단되는 일이 없습니다.

하나님은 언제나 말씀하신 대로 행하시고
모든 일을 은혜롭게 하신다.

14 **하나님**은 불행한 이들을 도우시고
삶을 포기하려는 이들에게 새 출발을 허락하신다.

15 모든 눈이 앙망하며 주님을 바라볼 때
주님은 그들에게 때맞춰 먹을 것을 주십니다.

16 주님은 지극히 너그러우셔서
모든 피조물에게 아낌없이 은혜를 베푸십니다.

17 **하나님**이 행하시는 일은 무엇이나 옳고
그분의 모든 일은 사랑으로 이루어진다.

¹⁸ **하나님**은 기도하는 모든 이들에게 귀 기울이시고
기도하는 모든 이들과 진심으로 함께하신다.

¹⁹ 그분을 경외하는 이들에게 가장 좋은 것 행하시고
그들이 부르짖을 때 귀 기울여 듣고 구원해 주신다.

²⁰ **하나님**은 그분을 사랑하는 이들의 곁을 지키시지만,
그분을 사랑하지 않는 자들은 모두 끝장내신다.

²¹ 내 입이 끊임없이 **하나님**을 찬양하니,
살아 있는 모든 것은 그분을 찬양하고
그 거룩하신 이름을 찬양하여라. 지금부터 영원까지!

146

¹⁻² 할렐루야!
오 내 영혼아, **하나님**을 찬양하여라!
내 평생 **하나님**을 찬양하며
내 사는 동안 내 하나님께 노래 부르리라.

³⁻⁹ 너희 삶을 전문가들의 손에 맡기지 마라.
저들은 삶도 구원도 전혀 모르는 자들이다.
한낱 인간에 불과하니 알 도리가 없다.
저들이 죽으면 저들의 계획들도 함께 사라진다.

대신, 야곱의 하나님에게서 도움을 받고
하나님께 너희 소망을 두어라. 참 행복을 알게 되리라!
하나님께서는 하늘과 땅
바다와 그 속의 모든 물고기를 지으신 분,
말씀하신 대로 어김없이 행하시고
학대받는 이들을 변호하시며
굶주린 이들에게 먹을 것을 주시는 분,
하나님은 갇힌 이들을 풀어 주시고
눈먼 이들에게 시력을 주시며
넘어진 이들을 일으켜 세우시는 분,
하나님은 선한 이들을 사랑하시고 나그네들을 보호하시며,
고아와 과부들의 편이 되어 주시고
악인들을 간단히 처치하시는 분.

¹⁰ **하나님**께서 언제나 다스리신다.
시온의 하나님은 영원하신 하나님이시다!
할렐루야!

147

¹ 할렐루야!
우리 하나님을 찬양하는 것이 얼마나 좋은가.
그분을 찬양하는 것이 얼마나 아름답고 합당한가!

2-6 **하나님**은 예루살렘을 다시 세우시는 분,

이스라엘의 흩어진 포로들을 다시 모으시는 분,

마음 상한 이들을 고치시고

그들의 상처를 싸매 주시는 분,

별들을 세시고

그 하나하나에 이름을 붙이시는 분.

우리 주님은 위대하시고 그 힘이 무한하시니,

그분의 지식과 행하신 일들, 결코 헤아리지 못하리.

하나님은 넘어진 이들을 다시 일으키시고

악인들을 시궁창에 처박으신다.

7-11 **하나님**께 감사 찬양을 드려라.

네 악기로 그분 앞에서 연주하여라.

하늘을 구름으로 채우시고

땅을 위해 비를 마련하시며,

풀로 산을 푸르게 하시고

가축과 까마귀들에게 먹이를 주시는 분.

그분은 힘센 준마에 감동하지 않으시고

근육질을 대수롭게 여기지 않으신다.

하나님을 경외하는 이들만이 **하나님**의 주목을 받고

그분의 권능에 의지할 수 있다.

12-18 예루살렘아, **하나님**께 경배하여라!

시온아, 네 하나님을 찬양하여라!
주께서 네 성을 안전하게 지키시고
그 안에 있는 네 자녀들에게 복을 내리셨다.
네가 사는 땅에 평화를 허락하시고
네 식탁에 가장 좋은 빵을 차려 주신다.
온 땅에 약속의 말씀을 주시니
그 말씀 빠르고 확실하게 전해지는구나!
눈을 양털처럼 뿌리시고
서리를 재처럼 흩으시며
우박을 모이처럼 흩뿌리시니
그 추위를 견딜 자 누구랴?
다시 명령을 내리시니 모든 것이 녹고,
추위를 향해 입김을 내뿜으시니, 갑자기 봄이로구나!

19-20 그분은 야곱에게 같은 방식으로 말씀하시고
이스라엘에게도 합당한 말씀을 주신다.
다른 민족에게는 이같이 하신 적 없으니,
그들은 그 같은 계명들을 들어 본 적도 없다.
할렐루야!

148
1-5 할렐루야!
하늘에서 **하나님을** 찬양하여라.

산꼭대기에서 그분을 찬양하여라.
그분의 모든 천사들아, 주님을 찬양하여라.
그분의 모든 전사들아, 주님을 찬양하여라.
해와 달아, 주님을 찬양하여라.
새벽별들아, 주님을 찬양하여라.
드높은 하늘아, 주님을 찬양하여라.
하늘의 비구름아, 주님을 찬양하여라.
찬양하여라. 오, **하나님**의 이름을 찬양하여라.
주께서 말씀하시자, 그들이 생겨났다!

6 그분께서 그들을 알맞은 자리에
영원토록 있게 하시고,
명령을 내리시자
그대로 되었다!

7-12 땅에서 **하나님**을 찬양하여라.
너희 바다의 용들아, 헤아릴 수 없이 깊은 대양아,
불과 우박, 눈과 얼음아,
그분의 명령에 복종하는 폭풍들아,
산과 언덕들아,
사과 과수원들과 백향목 숲들아,
들짐승과 가축 떼들아,
뱀과 날짐승들아,

세상의 왕들과 모든 인종들아,
지도자들과 유력자들아,
청춘남녀들아,
너희 노인과 아이들아.

13-14 **하나님**의 이름을 찬양하여라.
찬양 받기에 합당한 유일한 이름이시다.
그분의 광채, 하늘과 땅에 있는 그 무엇보다 빛나고,
그분께서 세우신 기념비, 곧 하나님의 백성이로다!

하나님을 사랑하는 모든 이들아, 찬양하여라!
이스라엘의 자녀들, **하나님**의 가까운 친구들아!
할렐루야!

149

1-4 할렐루야!
새 노래로 **하나님**께 노래하여라.
그분을 사랑하는 모든 이들과 함께 그분을 찬양하여라.
이스라엘 모든 백성들아, 너희의 주권자이신 창조주를 찬양하여라.
시온의 아들딸들아, 너희 왕으로 인해 기뻐 뛰어라.
춤추며 그분의 이름을 찬양하고
밴드를 울려 음악을 연주하여라!

하나님은 자기 백성을 기뻐하시고
평범한 이들을 구원의 화환으로 꾸며 주신다!

5-9 주님을 참으로 사랑하는 이들아, 소리치며 찬양하여라.
어디에 있든지 노래 불러라.
소리 높여 하나님을 찬양하여라.
칼을 휘둘러 열정적으로 칼춤을 추어라.
이것은 하나님께 거역하는 민족들을 향한 복수의 경고,
임박한 징벌의 신호다.
저들의 왕들은 사슬에 묶여 감옥으로 끌려가고
지도자들은 영원히 감옥에 갇히며,
저들에 대한 엄정한 심판이 시행될 것이다.
그러나 하나님을 사랑하는 이들은 모두 영광의 자리에 앉으
리라!
할렐루야!

150

1-6 할렐루야!
하나님의 거룩한 예배처소에서 그분을 찬
양하여라.
탁 트인 하늘 아래서 그분을 찬양하여라.
권능을 떨치신 그분을 찬양하여라.
크고 위대하신 그분을 찬양하여라.

힘찬 트럼펫 소리로 그분을 찬양하여라.

부드러운 현악기로 그분을 찬양하여라.

캐스터네츠와 춤으로 그분을 찬양하여라.

작은북과 플루트로 그분을 찬양하여라.

심벌즈와 큰북으로 그분을 찬양하여라.

바이올린과 기타로 그분을 찬양하여라.

살아 숨 쉬는 모든 것들아, **하나님**을 찬양하여라!

할렐루야!